Feel Good Management

CHRIS LEY

Feel Good Management

MEGATREND DER ARBEITSWELT 4.0

Bibliografische Information der Deutschen Nationalbibliothek:
Die Deutsche Nationalbibliothek verzeichnet diese Publikation
in der Deutschen Nationalbibliografie; detaillierte bibliografische
Daten sind im Internet über http://dnb.dnb.de abrufbar.

© 2019 Chris Ley
Satz, Umschlaggestaltung, Herstellung und Verlag:
BoD – Books on Demand, Norderstedt

ISBN: 978-3-7386-5391-5

Inhalt

Einleitung

Für die einen ist es ein gut gefülltes Bankkonto, für die anderen das gemeinsame Abendessen mit der Familie. Für manche steht Selbstverwirklichung im Job ganz oben auf der Liste der erstrebenswerten Ziele, wieder andere streben nach Sicherheit und werden bei den geringsten Anzeichen von Veränderungen nervös. Die Definitionen von Lebensqualität und Wohlbefinden sind so unterschiedlich wie die Wünsche der Menschen. Und doch muss es so etwas wie einen gemeinsamen Nenner geben, auf den sich im Grunde alle einigen können. Schaut man sich nämlich die gängigen Umfragen zu den Themen »Lebensqualität« oder »Glück« an, fällt auf, dass die glücklichsten Menschen seit vielen Jahren aus Europa kommen. Die skandinavischen Länder stehen auf der Liste der Länder mit der höchsten Lebensqualität und den glücklichsten Menschen ganz oben.

Wer einmal durch die unendlichen schwedischen Wälder im hohen Norden gefahren ist oder einmal das Polarlicht aus nächster Nähe gesehen hast, mag das verstehen. Wer den Sommer in einer typisch finnischen Blockhütte am See verbracht hat, wird das Gefühl von Lebensqualität am eigenen Leib spüren. Wer das Glück hatte, ein neu geborenes Rentier an der Seite seiner Mutter ganz aus der Nähe zu sehen, kann sich vielleicht des Gefühls unglaublicher Dankbarkeit für dieses Erlebnis nicht erwehren. Wer Stockholm oder Oslo im Sommer erleben durfte und in einer hellen und warmen Sommernacht in einem kleinen Café direkt am Wasser einen Platz fand, empfindet die nordische Lebensqualität aus nächster Nähe. Ganz Skandinavien bietet eine unglaubliche Fülle an vielfältigen geografischen und kulturellen Eindrücken, die leicht das Gefühl von Lebensqualität vermitteln. Und trotzdem reicht das alles noch nicht aus, um das enorme Empfinden von Glück vollständig zu begründen. Es muss also noch etwas anderes sein, was die Menschen in Skandinavien anders machen als wir Zentraleuropäer, und dieses »Etwas« muss so bedeutend sein, dass es die subjektive Lebensqualität in diesen Ländern auf der Skala der Empfindungen nach oben schnellen lässt.

Wissenschaftler gehen anhand von Studien davon aus, dass es vor allem der Austausch mit den Mitmenschen ist, der uns ein hohes Gefühl von Lebensqualität und Glück vermittelt(1). Kommunikation, Interaktion und Wertschätzung von anderen Menschen zu erleben, ist offenbar etwas, was zur menschlichen Natur gehört und war wir brauchen, um uns rundherum glücklich und zufrieden zu fühlen. Auf die Entwicklung kleiner Kinder hat es zum Beispiel einen verheerenden Einfluss, wenn sie nach der Geburt von ihren Eltern getrennt werden und nicht die Chance haben, die liebevollen Zärtlichkeiten der Mutter zu genießen. Experten gehen davon aus, dass der mangelnde Körperkontakt zwischen Mutter und Kind in der frühen Kindheit sogar zu massiven Persönlichkeitsstörungen führen kann. Das macht klar, wie sehr wir die Gemeinschaft und die Gesellschaft anderer Menschen benötigen, um uns rundherum wohl zu fühlen. Haben die Skandinavier uns also etwas voraus, weil sie mehr und häufiger miteinander kommunizieren und sich gegenseitig ihre Wertschätzung zeigen? Liegt das Geheimnis der subjektiv empfundenen enormen Lebensqualität im hohen Norden Europas etwa in den gemeinsam verbrachten langen und dunklen Winterabenden, die man zusammen in der Sauna verbringt, sich danach im Schnee abkühlt und die man dann mit einem guten Bier oder Schnaps ausklingen lässt?

Wer die Gewohnheiten der Skandinavier kennt, mag eine ähnliche Vermutung hegen. Es sind die langen Winterabende, in denen man die Gesellschaft von anderen Menschen sucht, um nicht ganz allein zu sein. Es sind aber auch die hellen und warmen Tage im Sommer, in denen die Sonne niemals untergeht. Die Schönheiten der nordischen Länder sind sicher ein wichtiger Faktor, wenn es darum geht, was eine hohe Lebensqualität und ein großes Glück ausmachen. Trotzdem sind diese Faktoren nicht allein ausschlaggebend. So wichtig sie sind, so bedeutend ist eben auch der soziale Austausch mit anderen, der uns das Gefühl von Lebensqualität und Glück vermittelt. Menschen sind soziale und gesellige Wesen, sie können nur schwer auf Dauer allein sein. Natürlich sucht der eine etwas mehr Geselligkeit, während der andere durchaus gut mit sich allein sein kann. Doch der Kommunikation und der Interaktion mit anderen kommt eine Bedeutung zu, die wir auf der Suche nach den Einflussfaktoren für Glück und Lebensqualität nicht hoch genug einschätzen können. Besonders wichtig zu verstehen ist es, dass sich diese Interaktion nicht allein nur auf das Privatleben bezieht! Ebenso bedeutend ist es, sich im Berufsleben permanent auszutauschen und miteinander in Verbindung zu bleiben. Kommunikation, Kooperation und Wertschätzung im beruflichen Alltag sind offenbar elementare Faktoren, die zu einer hohen Lebensqualität beitragen.

Nun könnte eine interessante Frage sein, was Unternehmen, Führungskräfte und Mitarbeiter in Skandinavien anders machen als in Deutschland. Schließlich lässt es sich auch in unserem Land sehr gut leben. Wer eine solide berufliche Qualifikation hat, findet einen spannenden Job und einer angemessenen Bezahlung. Wer aufmerksam und aufgeschlossen auf seine Kollegen zugeht, hat die Chance auf eine positive Rückmeldung und kommt entsprechend gut an. Viele deutsche Unternehmen sehen sich selbst auf dem Weg zu einer positiven Firmenkultur hervorragend aufgestellt. Dennoch scheint in unserem Land in den meisten Firmen etwas grundlegend anders zu laufen als in Skandinavien. Können wir uns also bei den Nordlichtern etwas abschauen und etwas besser machen in unseren eigenen Firmen?

Spätestens an dieser Stelle kommt der Begriff des »Feel Good Managements« ins Spiel. Für die Kritiker ist es ein Modewort, das bald wieder an Bedeutung verliert. Für die Befürworter ist es aber so etwas wie ein Geheimrezept, wenn es darum geht, gut aufgestellte Firmen noch ein wenig erfolgreicher zu machen, so dass sie sich noch sicherer im Wettbewerb behaupten können. Auf den nächsten Seiten erfährst du mehr über dieses vordergründig neue Konzept, das im hohen Norden Europas offenbar schon in vielen Unternehmen Einzug gehalten hat. Du lernst, was Feel Good Management ist, worauf es basiert und welche Rolle es in erfolgreichen Firmen spielt. Du bekommst einen Einblick in die Arbeit eines Feel Good Managers. Vor allem aber kannst du dir selbst einen Eindruck verschaffen, ob dieser Ansatz nicht auch für dein Unternehmen oder für deine Abteilung interessant ist. Dabei kommt auch die praktische Seite nicht zu kurz, denn Feel Good Management lebt davon, dass es im beruflichen Alltag umgesetzt wird. Lass dich auf die Reise mitnehmen und frage dich gelegentlich, ob du dir dieses Konzept auch in deiner Firma vorstellen kannst. Es lohnt sich, wenn du dich auf dieses Experiment einlässt, denn Feel Good Management ist nicht nur etwas, was die Lebensqualität im Arbeitsalltag steigert. Ein durchdachtes Feel Good Management, das im beruflichen Alltag gelebt wird, wirkt sich auf die Führungs- und Unternehmenskultur deiner Firma aus. Es verleiht deinem Betrieb den Wettbewerbsvorteil, den du so dringend benötigst, um dein Unternehmen mit Erfolg dauerhaft am Markt zu platzieren. Wettbewerbsfähigkeit wird unmittelbar von dem Wohlbefinden von Mitarbeitern und Führungskräften beeinflusst – so erstaunlich dieser Zusammenhang auch klingen mag. Deshalb lohnt es sich, mehr über dieses vielversprechende Konzept zu erfahren, das erfolgreiche Firmen in Skandinavien offenbar bis zur Perfektion beherrschen – und das ihre Mitarbeiter befähigt, Tag für Tag mit Begeisterung zur Arbeit zu gehen und sich mit ihrer ganzen Energie für ihre Firma einzusetzen!

1. Erfolgsfaktor Feel Good Management

Ich erinnere mich noch genau an einen Tag vor rund fünf Jahren – an einen Tag, den ich bis heute als den schlimmsten Tag in meinem Berufsleben bezeichne. Es war der Tag, als ich mit meinem eigenen Unternehmen Konkurs anmelden musste. Ich musste meine Mitarbeiter entlassen, von heute auf morgen standen rund 20 Leute ohne Einkommen auf der Straße. Darunter waren Familienväter, alleinerziehende Mütter und Auszubildende, die alle plötzlich keine berufliche Perspektive mehr hatten und den bitteren Gang zum Arbeitsamt antreten mussten.

Bis zu diesem Tag war ich Geschäftsführer eines wie ich glaubte recht erfolgreichen kleinen Unternehmens aus der Lebensmittelbranche. Unser Kernkompetenz bestand darin, als Großhandel italienische Lebensmittel in Italien einzukaufen und an die Restaurants in der näheren und weiteren Umgebung zu verkaufen. Wir waren also im klassischen Stil die Schnittstelle zwischen den Herstellern und den Endverbrauchern. Meine Mitarbeiter kamen gerne zur Arbeit, die Mannschaft bestand aus Akademikern in gehobener Position, Sachbearbeitern mit unterschiedlicher Qualifikation und ein bis zwei Auszubildenden. Wir waren in bewährter Manier funktional aufgestellt mit kleinen und schlagkräftigen Teams für Produktion, Vertrieb und Verkauf, Marketing, Finanzen und Personal. Unsere Firma hatte sich in unserer kleinen Stadt einen guten Namen gemacht. Wir waren als Arbeitgeber beliebt und geschätzt und konnten unseren Teil zur lokalen Wertschöpfung beitragen. Über den häufig zitierten Mangel an Fachkräften konnten wir uns kaum beklagen. Wir übernahmen unsere Auszubildenden und stellten in regelmäßigen Abständen neue Mitarbeiter ein. Zwar lagen die Gehälter etwas unter dem branchenüblichen Durchschnitt, aber – so glaubte ich – das Team war zufrieden, so dass man jeden Tag gerne zur Arbeit ging.

Zu diesem Zeitpunkt hatte ich die Geschäftszahlen aus der Buchhaltung längere Zeit nicht im Auge behalten, wusste ich doch, dass meine Buchhalterin außerordentlich zuverlässig war und ihren Job beherrschte. Zwar stand der Jahresabschluss in absehbarer Zeit an, doch noch hatte ich ein wenig

Luft, bevor ich mich mit dem unbeliebten Thema beschäftigen musste und in mehreren Besprechungen mit meinem Steuerberater Rede und Antwort stehen musste zu allem, was im vergangenen Jahr passiert war. Viel wichtiger waren mir in diese Phase diverse Expansionspläne, denn ich hatte mit meinem Unternehmen noch eine Menge vor. Auf dem Plan stand der Aufbau von weiteren Filialen in der näheren Umgebung. Ich wollte mehrere zusätzliche Büros eröffnen und das Einzugsgebiet erweitern. Am liebsten hätte ich unser Liefergebiet von bisher rund 50 Kilometern im Umkreis unseres Firmenstandorts auf etwa 200 Kilometer ausgebaut. Dazu war es natürlich nötig, zusätzliche Büros zu eröffnen, um eine schnelle Belieferung sicherzustellen. Doch es kam anders, denn dann kam er – der bewusste Tag Ende Januar, der zu einem Meilenstein im negativen Sinn werden sollte, wie ich ihn bis dahin noch nie erlebt hatte.

Es begann mit einem Anruf meiner Sekretärin. Sie wies mich darauf hin, dass unsere Buchhalterin heute ein wenig nervös erschien, hatte sie doch Einblick in die neuesten Bankauszüge bekommen. Dort stand gut sichtbar ein negativer Saldo in einer Höhe ausgewiesen, der Schlimmes erahnen ließ. Als wäre ein überzogenes Geschäftskonto nicht schon unangenehm genug, warf sie einen weiteren Blick auf das zweite Konto, das leider auch keine Besserung verhieß. Es war also Anfang des Jahres, und unsere beiden Geschäftskonten wiesen einen Stand mit einem dicken Minus aus. Im ersten Augenblick konnte mich das nicht aus meiner Euphorie herausreißen, denn schließlich malte ich mir gerade aus, wo ich meine Filiale in der Nachbarstadt ansiedeln wollte und wie ich sie einrichten wollte. Doch am nächsten Tag holte mich ein Telefonat mit meiner Hausbank aus dem siebten Himmel auf den Boden der Tatsachen zurück. Als ich mich dann nämlich dazu durchrang, zum Telefonhörer zu greifen und meinen langjährigen Berater anzurufen, machte dieser mir schnell klar, dass es allerhöchste Zeit war für ein persönliches Gespräch.

So stand ich also noch an diesem Nachmittag ein wenig beunruhigt in der Filiale meiner Bank, ohne allerdings den Ernst der Lage vollständig zu begreifen. Im Gespräch mit meinem Berater wurde mir dann mit aller Brutalität klar: Meine Firma war bankrott, wir waren überschuldet und mussten

Konkurs anmelden. Schon einen Tag später stand ich also vor meinen Mitarbeitern und musste ihnen die Lage erklären. Nie werde ich den Blick in ihren Augen vergessen, denn viele von ihnen arbeiteten seit vielen Jahren bei mir und hatten meine Firma aufgebaut. Sie standen von heute auf morgen ohne Einkommen da, so dass ihnen nur der Weg zum Arbeitsamt blieb. In den nächsten Wochen schlief ich schlecht, ich konnte kaum essen und erlebte alles, was in meinem Unternehmen passierte, wie durch eine Nebelwand. Meine Mitarbeiter wurden entlassen, die Firma wurde abgewickelt, am Ende kam ich noch mit einem blauen Auge davon, weil die Forderungen meiner Gläubiger weitgehend bezahlt werden konnten.

Nachdem diese schlimme Zeit vorüber war, tauchte ich für eine Weile ab. Ich musste mich beruflich völlig neu orientieren und hatte keine Ahnung, wohin mich mein Weg in Zukunft führen sollte. Erst Schritt für Schritt fasste ich den Mut, mich näher mit meinem Scheitern zu beschäftigen und begann, die Gründe für meinen Misserfolg zu analysieren. Was war passiert, dass ich mit meinem kleinen Unternehmen Schiffbruch erlitten hatte? Was hätte ich besser machen können? Und vor allem – was sollte ich beruflich in Zukunft machen? Würde ich mir erneut zutrauen, eine Firma aufzubauen, um es mir noch einmal zu beweisen? Würden mir junge und ambitionierte Mitarbeiter und erfahrene Führungskräfte überhaupt die Kompetenz zutrauen, ein Unternehmen zu führen? Hatte ich vielleicht wegweisende Trends und Entwicklungen am Markt übersehen, die mir helfen konnten, den Konkurs abzuwenden? Im Nachhinein muss ich sagen, es war eine spannende Zeit, denn in dieser Phase dachte ich viel nach und beschäftigte mich mit unzähligen neuen Ideen, die alle ein gemeinsames Ziel hatten: Ich wollte in Zukunft ein besseres Arbeitsleben für mich und meine Mitarbeiter.

Rückblickend musste ich mir nämlich eines eingestehen: So sehr ich meine Aufgabe als Geschäftsführer eines kleinen Unternehmens liebte, so sehr hatte sie mich gefordert. Morgens um 07.00 Uhr war ich vor allen anderen im Büro, am Abend löschte ich das Licht und schloss die Tür ab, als alle anderen schon lange zu Hause waren. Zeit für eine Familie oder für Privatleben blieb deshalb kaum, und ich hatte mich gesundheitlich schon länger nicht mehr sehr wohl gefühlt. Ich hatte den Eindruck, erschöpft und antriebslos zu sein, daran hatten auch die hochfliegenden Pläne vom Ausbau meiner Firma nichts geändert. Was also wäre, wenn ich in Zukunft mehr auf meine Gesundheit und auf meine Mitarbeiter achten könnte und dafür sorgen könnte, dass sie sich rundherum wohlfühlen?

Ich begann, mich mit neuen Trends in der Arbeitswelt zu beschäftigen. Es dauerte nicht lange, bis ich über den Begriff »Feel Good Management« stolperte! Schon die Kernbotschaft hörte sich interessant an, unterstellte man doch einen direkten Zusammenhang zwischen dem Engagement der Mitarbeiter, der Unternehmens- und Führungskultur und der Wettbewerbsfähigkeit eines Unternehmens (2)! Zwar mutete das Konzept ein wenig sophisticated an – aber das war es zu diesem Zeitpunkt auch, denn Feel Good Management ist für viele Unternehmen bis heute State-of-the-Art und lange noch nicht überall etabliert. Schritt für Schritt stieg ich etwas tiefer in das Thema ein und lernte schon bald, was man unter Feel Good Management versteht, was ein Feel Good Manager im täglichen Arbeitsleben tut und wie Unternehmen von der Einrichtung einer entsprechenden Stelle profitieren.

Auf den folgenden Seiten möchte ich dich gerne mitnehmen auf meiner Reise durch diese moderne und zukunftsweisende Arbeitswelt. Ich selbst habe übrigens beschlossen, noch einmal den Neustart zu wagen und mit einem Start-up auf den Markt zu gehen. Nach reiflicher Überlegung kam ich zu dem Schluss, dass ich »es« noch einmal wissen will – und mir selbst beweisen will, dass ich »es« schaffe. Was »es« ist? Mit einer vielversprechenden Geschäftsidee und einem topmotivierten Team an den Start zu gehen! Dieses Mal allerdings habe ich eine Menge anders gemacht als beim letzten Mal. Vor allem habe ich dem Konzept »Feel Good Management« den Raum eingeräumt, der ihm gebührt. Begleite mich auf einem sehr spannenden Weg in die Arbeitswelt von morgen und lasse dich inspirieren, wie auch dein Team und dein Unternehmen von diesem neuen Ansatz profitieren.

Dazu werden wir uns auf den nächsten Seiten zuerst mit dem Begriff des Feel Good Managements beschäftigen. Du erfährst, was man darunter versteht und was ein Feel Good Manager in seinem Arbeitsalltag macht. Wir beleuchten, welche Rolle die Persönlichkeitsentwicklung in diesem Konzept spielt und warum eine positive Psychologie ein Kernbaustein des Feel Good Managements ist. Du lernst, was es mit der internen und externen Kommunikation im Unternehmen auf sich hat und wie man Visionen für eine Firma entwickelt – und diese auch den Mitarbeitern vermittelt, denn selbst eine vielversprechende Vision ist nichts ohne das ambitionierte Team, das sie mit Leben füllt. Selbstverständlich werfen wir einen umfassenden Blick auf das Konfliktmanagement, das im Arbeitsalltag eines Feel Good Managers so etwas wie ein ständiger Begleiter ist. Du erfährst, welche Methoden es für die konstruktive Bearbeitung von Konflikten im Arbeitsalltag gibt, so dass alle Beteiligten davon profitieren. Gesundheit am Arbeitsplatz ist ein weiterer wesentlicher Bestandteil des Feel Good Managements, deshalb soll dieses Thema ebenfalls angerissen werden. Diversity Management, Recruiting und Employer Branding sind Schlagworte, die in manchen Unternehmen heute schon Bestandteil der Personalstrategie sind. Dennoch liegt hier ein Potenzial, das vor allem kleine und mittlere Unternehmen noch lange nicht in vollem Umfang nutzen. Abschließend beschäftigen wir uns mit der Erfolgsmessung, denn auch das beste Konzept will in den Arbeitsalltag integriert werden und muss dort Tag für Tag gelebt werden. Ein Blick auf die Arbeitswelt von morgen rundet diesen Einstieg in das Feel Good Management ab, den du für ein großes Unternehmen übrigens ebenso nutzen kannst wie für deine Mittelstandsfirma oder dein Start-up. Letzteres habe ich an meinem eigenen Projekt übrigens mit Erfolg bewiesen, denn mein Start-up hat die erste Sturm- und Drangzeit gut überstanden und ist auf dem besten Weg, sich einen festen Platz am Markt zu erobern.

1.1 Was versteht man unter Feel Good Management?

Gibt man im Internet in den gängigen Suchmaschinen die Frage »Was ist Feel Good Management?« ein, erhält man sofort knapp 140 Millionen Einträge. Im Vergleich dazu bringt die Frage »Wie findet man einen neuen Job?« nur etwa 31 Millionen Ergebnisse. Allein diese Relation zeigt, wie gefragt und vielfältig das Thema Feel Good Management ist. Dabei sind viele Unternehmen in Deutschland in dieser Richtung noch eher schwach aufgestellt, doch die Anzahl der Eintragungen macht auch deutlich, wie umfassend und verzweigt Feel Good Management ist und was man damit in Verbindung bringen kann. Zum Einstieg in das Thema mag eine Definition aus Wikipedia beschreiben, worum es im Prinzip geht(3). Danach hat Feel Good Management zur Aufgabe, die Arbeit in einem Unternehmen dauerhaft zu verbessern. Feel Good Management setzt darauf, die Bedürfnisse der Mitarbeiter herauszufinden und die konstruktive Kooperation im Betrieb auszubauen. Feel Good Management zielt also darauf ab, optimale Rahmenbedingungen für die Unternehmens- und Führungskultur zu schaffen.

Dabei fällt auf, dass unter diesem Schlagwort unterschiedliche Ansätze zusammengefasst sind. Es gibt Schnittstellen zum Gesundheitsmanagement und zur Personalentwicklung, zum Training, zur Geschäftsführung und zur Mitarbeiterschaft. Typische Aufgaben sind danach in den Bereichen der internen Kommunikation, in der Teambildung und im Facility Management zu finden. Auch die Planung von Firmenevents und von Ausflügen gehört zu den Tätigkeiten im Feel Good Management. Vor diesem Hintergrund überrascht es nicht, dass sogar eine gesunde Ernährung und letztlich alle Anliegen der Mitarbeiter im Rahmen des Feel Good Managements betrachtet werden sollen. Allerdings geht diese eher theoretische Definition des Feel Good Managements noch nicht weit genug.

Feel Good Management ist ein ganzheitliches Konzept zur Unternehmensführung, der nahezu alle wichtigen Funktionen eines Unternehmens einbezieht (4). Letztlich zielt es darauf ab, eine werteorientierte Kultur im Unternehmen einzuführen und zu stärken. Übersetzt man »Feel Good Management« wörtlich, kommt man zu »Wohlfühlführung« oder »Wohlfühlkultur«. Ursprünglich zum ersten Mal vor rund fünf Jahren von vielversprechenden Start-ups angewandt, gerät es heute zunehmend in den Fokus von mittleren und großen Firmen. Ein Start-up, das die ersten Hürden am Markt genommen hat und von der Gründungsphase in eine wachstumsorientierte Ausrichtung übergeht, hat in der Regel eine Zeit der hohen Mitarbeiter- und Innovationsorientierung hinter sich. In der Gründungsphase wird ein junger Betrieb von der außerordentlich hohen Motivation aller Teammitglieder getragen. Viele Gründer beschreiben diese Zeit mit großer Begeisterung, denn sie ist einerseits geprägt von einem familiären Zusammensein, in dem jeder für den anderen einsteht und alle an einem Strang ziehen. Andererseits ist sie aber auch von hohen Belastungen gekennzeichnet, die man gemeinsam meistert. Erste Erfolge werden im Team gefeiert, man belohnt sich, man achtet aufeinander und umschifft so die eine oder andere Hürde, die in der ersten Zeit nach der Gründung unvermeidlich ist. So entsteht ein tiefes Wir-Gefühl, das dem menschlichen Bedürfnis nach Gemeinsamkeit sehr nahe kommt. Im Idealfall lässt sich dieses Wir-Gefühl aus der Gründungsphase in die Wachstumsphase übertragen. Letztlich ist dieses Gefühl sogar die Grundlage dafür, dass sich ein Unternehmen immer wieder neu erfindet und optimal auf die Anforderungen des Marktes reagiert – und damit wettbewerbsfähig bleibt.

Hier setzt das ganzheitliche Konzept des Feel Good Managements an. Es zeichnet das Bild der Arbeitswelt von morgen, gerne auch als »Arbeitswelt 4.0« bezeichnet. Im Mittelpunkt steht die Entwicklung einer optimalen Unternehmenskultur mit Voraussetzungen, die es erlauben, konstruktive Arbeits- und Lernbedingungen zu schaffen. Dadurch will man effizientes und nachhaltiges Arbeiten im stetigen Wandel der Zeit ermöglichen. Feel Good Management orientiert sich nicht allein an der Einordnung der Mitarbeiter nach den viel zitierten High Potentials und Low Performern. Vielmehr geht es darum, jeden einzelnen Mitarbeiter in seiner ganzen Unterschiedlichkeit wahrzunehmen und seine Bedürfnisse zu befriedigen, so weit dies erforderlich ist, damit er voll und ganz in seiner Arbeit aufgeht. Individuelle Stärken sollen gefördert werden, an Schwächen darf man arbeiten, persönliche Vorlieben sollen dabei ausdrücklich berücksichtigt werden. So wird das Potenzial eines jeden Einzelnen gefördert, das kooperative Miteinander wird gestärkt und ausgebaut. Der zwischenmenschliche Austausch und das Gefühl der Zusammenarbeit werden dabei explizit gefördert. Mit einer werteorientierten und wertschätzenden Unternehmenskultur will das Feel Good Management dazu beitragen, ein Umfeld zu schaffen, in denen sich jeder Mitarbeiter mit seiner Individualität wohlfühlt und voll und ganz einbringen kann. Letztlich geht das Feel Good Management davon aus, dass jeder Mitarbeiter in dieser Umgebung sein ganzes Potenzial ausschöpft und stressfrei arbeitet. Aus diesem Arbeitsumfeld entsteht eine hohe Motivation und ein entsprechendes Engagement, das dazu beiträgt, dass man sich stärker für die Ziele seines Unternehmens einsetzt.

Im Idealfall ist so der Raum geschaffen für kreative, produktive und eigenverantwortliche Mitarbeiter, die sich über die Grenzen etablierter Abteilungen hinweg austauschen und vernetzen. Wer täglich neue Impulse und Anregungen für die eigene Arbeit aufnimmt und umsetzt, arbeitet motivierter und loyaler und trägt damit unmittelbar dazu bei, die Wettbewerbsfähigkeit eines Unternehmens nachhaltig auszubauen. Das allerdings ist nur möglich, wenn sich neben der Unternehmenskultur auch die Organisationsstruktur und die Arbeitsmethodik nachhaltig ändern. In letzter Konsequenz setzt Feel Good Management nicht nur daran an, neue Werte in ein Unternehmen einzubringen und Strukturen zu ändern. Es geht auch darum, die Art der Kommunikation und die Kommunikationswege und Kanäle anzupassen, Arbeitsplätze und das Umfeld zu optimieren und dadurch die Zusammenarbeit zu optimieren. Somit ergeben sich in der täglichen Arbeit immer wieder auch Schnittstellen zur Personalentwicklung, zum Gesundheitsmanagement oder zur Aus- und Weiterbildung. Sind diese Funktionen in einem gestandenen Unternehmen bereits gesetzt, sind Schnittstellen zu harmonisieren und Abläufe zu optimieren, um die so entstehenden Synergien zu nutzen. Bei einem Start-up dürfte es dagegen eher das erklärte Ziel sein, diese Prozesse überhaupt erst zu entwickeln und von der Gründungs- und die Wachstumsphase zu überführen.

Im Grunde ist Feel Good Management keine völlig neue Bewegung der modernen Arbeitswelt. In der Psychologie kennt man diesen Ansatz seit langem, er setzt an der Überzeugung an, dass ein Unternehmen erfolgreicher ist und dauerhaft wettbewerbsfähiger ist, wenn die Bedürfnisse der Mitarbeiter optimal berücksichtigt sind. Letztlich zielt Feel Good Management also darauf ab, die tägliche Arbeitszeit so angenehm wie möglich zu gestalten und das Verhältnis zwischen Arbeitszeit und Freizeit ausgewogen zu halten, um die Produktivität des Einzelnen maximal zu nutzen.

1.2 Wie sieht der Praxisalltag eines Feel Good Managers aus?

Schon der Blick den ganzheitlichen Ansatz des Konzepts »Feel Good Management« macht deutlich: Die Stelle des Feel Good Managers verlangt ein hohes Maß an Aufmerksamkeit von der Geschäftsführung. Ein Feel Good Manager fungiert als Bindeglied zwischen den Mitarbeitern und der Führungsmannschaft und der Geschäftsleitung. Deshalb ist die Position im besten Fall als Stabsstelle bei der Geschäftsführung angehängt und hat damit im Sinne der reinen Organisationslehre eine beratende Funktion. Gleichzeitig wird damit deutlich, dass eine gewisse Unabhängigkeit und Neutralität gewahrt bleibt, und auch die Wertschätzung des Managements für die wichtige Aufgabe kommt damit unmittelbar zum Ausdruck.

Eine klassische Stabsstelle berät und unterstützt die Fachabteilungen und berichtet an die ihr übergeordnete Leitungsebene. Sie hat aber explizit keine Weisungsbefugnis gegenüber den Fachabteilungen. Durch die Neutralität und Unabhängigkeit bleibt das Vertrauensverhältnis zur Mitarbeiterschaft gewahrt, denn in der täglichen Praxis kommt es durchaus vor, dass ein Vorgesetzter oder ein Kollege die Ursache dafür sind, dass sich ein einzelner Mitarbeiter in seiner Abteilung nicht wohlfühlt. Unter Umständen kommt dem Feel Good Manager also die sensible Aufgabe zu, hier zu vermitteln und dazu beizutragen, dass sich ein Mitarbeiter wieder besser einbringt. Gerade die Befassung mit schwierigen Fragestellungen mit arbeitsrechtlicher Bedeutung ist nur möglich, wenn der Feel Good Manager eine unabhängige Position von den Fachabteilungen, vom Personalmanagement, von der Rechtsabteilung und von allen anderen Funktionsbereichen hat.

Dessen ungeachtet sind die Aufstiegsmöglichkeiten bei einer Stabsstelle in der Regel begrenzt. Ein Feel Good Manager mag seine Unabhängigkeit zu schätzen wissen, in seiner Funktion wird es aber schwierig werden, den vertikalen Aufstieg in der Unternehmenshierarchie zu suchen. Dennoch können die Weiterentwicklungsmöglichkeiten eines Feel Good Managers breit gefächert sein. So ist es zum Beispiel möglich, dass er die Einführung des Feel Good Managements im Unternehmen als Projekt begleitet oder später die Teamleitung über ein ganzes Team an Managern übernimmt.

Grundsätzlich ist dabei aber zu berücksichtigen, dass flache Hierarchien zu den Maximen des Feel Good Managements gehören. Die Einführung von neuen Hierarchieebenen einschließlich einer Leitungsfunktion für einen Feel Good Manager wäre im Sinne des klassischen Feel Good Managements also eher kontraproduktiv.

Das Arbeitsumfeld des Feel Good Managers ist außerordentlich vielfältig. Die direkte Anbindung an die Geschäftsleitung sorgt dafür, dass seinen Aufgaben die Bedeutung zukommt, die sie verdienen. Vereinfacht gesagt entwickelt, gestaltet und treibt ein Feel Good Manager die Einführung eines Feel Good Managements in seinem Unternehmen. Nach der Einführung ist er für die Berücksichtigung im täglichen Arbeitsumfeld zuständig.

Das Berufsbild des Feel Good Managers geht auf eine Konzeption des Fraunhofer Instituts für Arbeitswirtschaft und Organisation aus dem Jahr 2013 zurück (5). Das Fraunhofer Institut zeichnete im Jahr 2015 auch verantwortlich für die Gründung des ersten Fachverbands mit dem Namen Feel Good Management e. V.. Das Berufsbild des Feel Good Managers ist allerdings bis heute nicht geschützt. Deshalb ist die Ausbildung vieler Feel Good Manager in der Praxis recht heterogen gehalten. Dennoch gibt es einige Eckpfeiler der täglichen Arbeit. Ein Feel Good Manager gestaltet, verbessert und erhält eine positive Unternehmenskultur. Seine zentrale Aufgabe ist es, Arbeitsbedingungen zu schaffen, die ein Wohlfühlklima am Arbeitsplatz ermöglichen, um so ein stressfreies und produktives Arbeitsumfeld zu schaffen. Wichtige Tätigkeiten sind deshalb die Motivation der Mitarbeiter, die Optimierung von Arbeitsbedingungen und Abläufen, das Coaching und das Konfliktmanagement. Somit ist der Feel Good Manager der regelmäßige Ansprechpartner für Mitarbeiter, wenn es darum geht, eine konstruktive Arbeitskultur zu schaffen und zu erhalten. Im Idealfall wird die Aufgabe mit einer Vollzeitkraft besetzt, die sich ausschließlich darum kümmert. Sie sollte nicht an eine Stelle im Personalwesen, im Gesundheitswesen oder im Betriebsrat gekoppelt sein.

Ein Feel Good Manager ist für die Mitarbeiter aller Hierarchiestufen da. Er ist Ansprechpartner für Auszubildende und Sachbearbeiter, für Führungskräfte, Betriebsrat, für Leiter und Geschäftsführung. Zu den zentralen Aufgaben des Feel Good Managers gehört es, den Verbesserungsbedarf der Mitarbeiter zu identifizieren, Lösungen zu erarbeiten und umzusetzen. Sie sind Organisatoren, Planer, Umsetzer und Eventmanager.

Thematisch lassen sich ihre Aufgaben der Teambildung, dem Onboarding von neuen Mitarbeitern nach der Einstellung, der internen Kommunikation, der Arbeitsplatzgestaltung und dem Gesundheitsmanagement zuordnen. Im Bereich der Teambildung schaffen sie Möglichkeiten für Mitarbeiter, damit sich diese besser kennenlernen und vernetzen können. Sie initiieren After-Work-Parties, sie organisieren sportliche oder kulturelle Teamevents, sie entwickeln Konzepte für ein Teamlunch, um den abteilungsübergreifenden Austausch zu ermöglichen und schaffen auf vielfältige Art und Weise Raum, damit sich die Mitarbeiter eines Teams und einer Abteilung, aber auch bereichsübergreifend besser kennenlernen.

Das sogenannte Onboarding spielt in vielen Unternehmen schon heute eine große Rolle. Hier geht es darum, dass sich ein neuer Mitarbeiter schnellstmöglich in sein Arbeitsumfeld einfinden soll. Hier geht es weniger darum, dass ein neues Teammitglied fachlich so schnell wie möglich befähigt wird, seine Aufgaben zu erfüllen. Im Mittelpunkt steht vielmehr dafür zu sorgen, dass er sich in seinem neuen Betrieb so bald wie möglich gut aufgehoben fühlt. Der Feel Good Manager sorgt dafür, dass er die ungeschriebenen Gesetze seines neuen Arbeitgebers zügig erfährt, dass er Hilfe bei der Wohnungssuche bekommt, dass er sein Arbeitsumfeld schnellstens kennenlernt und sich so bald wie möglich mit Kollegen aus anderen Abteilungen vernetzt. Mit einer gezielten Betreuung der neuen Mitarbeiter möchte man von Anfang an Frustrationen verhindern, die sich nach dem Einstieg in einem veränderten Arbeitsumfeld fast zwangsläufig einstellen.

Im Bereich der internen Kommunikation geht es eher darum, eine offene Feedbackkultur zu schaffen und den Austausch auf unterschiedlichsten Kanälen zu ermöglichen. Selbst bei der Fehlerkultur im Unternehmen spielt ein Feel Good Manager eine große Rolle, denn er kann dafür sorgen, dass man von der Geschäftsleitung an abwärts über alle Hierarchieebenen offener und konstruktiver mit Fehlern umgeht und noch besser aus Fehlern lernt.

Einen nicht zu unterschätzenden Schwerpunkt der täglichen Arbeit nimmt im Alltag das Konfliktmanagement ein. Ob es sich nun um Meinungsverschiedenheiten zwischen zwei Teammitgliedern handelt, ob sich ein Teamleiter nicht mit seinem Mitarbeiter versteht, ob es gar zu Streitigkeiten mit einem Vorgesetzten kommt oder ob es abteilungsübergreifend zu Auseinandersetzungen kommt, spielt dabei eher eine untergeordnete Rolle. Der Feel Good Manager soll es als einen zentralen Teil seiner Arbeit ansehen, Konflikte zu erkennen und durch ein gezieltes Konfliktmanagement zur konstruktiven Lösung beitragen. Dazu bedient er sich verschiedener Methoden wie zum Beispiel der Mediation. Es ist allerdings wichtig zu verstehen, dass Konflikte ausgetragen werden sollen und nicht unter den Tisch gekehrt werden dürfen.

Bei seiner Arbeit ist es durchaus erlaubt, sich an den manchmal außergewöhnlichen Ideen der Start-ups zu orientieren. So kann man zum Beispiel eine Sauna als Kreativraum einführen, um neue Ideen außerhalb der üblichen Büroatmosphäre zu entwickeln. Wer sich sportlich betätigen will, um kreativ zu sein, entscheidet sich vielleicht für das Training am Boxsack oder für eine Runde im Fitnessraum. Wer sein eigenes Haustier mitbringen will, weil er dadurch besonders entspannt arbeitet, hat dazu in vielen Unternehmen ebenfalls Gelegenheit. Besonders innovative Firmen setzen auf die regelmäßige Durchführung von Kreativworkshops und damit auf Teamstrukturen, die mit dem üblichen Büroalltag nichts mehr zu tun haben. Um die körperliche und geistige Leistungsfähigkeit der Mannschaft auszubauen und zu fördern, unterstützen manche Feel Good Manager die Einführung von Sportkursen, von Kursen für Yoga und Entspannungsübungen oder die Versorgung mit Obstkörben. In manchen Firmen werden die E-Mail-Server am Abend oder am Wochenende abgeschaltet, damit die Mitarbeiter besser regenerieren können. Letztlich spielt bei allen Maßnahmen aber eine große Rolle, dass sie von möglichst vielen Mitarbeitern anerkannt und gewollt sind. Mit Sicherheit gelingt es nicht, für das gesamte Team eine Auswahl an Maßnahmen zu finden, die für jeden gleichermaßen gut geeignet sind. Es ist aber elementar wichtig, die Bedürfnisse der Einzelnen herauszufinden und darauf aufbauend Schritte zu entwickeln, die dem individuellen Bedarf am besten entsprechen. Nur dann ist es möglich, mit einem umfassenden Feel Good Management die breite Masse zu erreichen, um so einen maximalen Effekt zu erzielen und um die Akzeptanz im ganzen Unternehmen zu erhöhen. Außerdem muss die Teilnahme an solchen Maßnahmen unbedingt freiwillig sein, denn nur dann sind sie akzeptiert. Aus diesem Grund kommt den Verbesserungsvorschlägen aus der Mitarbeiterschaft eine besondere Bedeutung zu. Verbesserungsvorschläge aufzunehmen, zu analysieren und dann auch umzusetzen, ist eine der wichtigsten Aufgaben des Feel Good Managers, damit dieses Konzept von allen Mitarbeitern getragen wird.

Das Aufgabenspektrum macht deutlich, wo die Kompetenzen eines Feel Good Managers liegen sollten. Er sollte ein Organisations- und Kommunikationstalent sein, er muss durchsetzungsstark sein, und er sollte unbedingt ein hohes Maß an Empathie mitbringen. Empathie steht für die Fähigkeit, die Gefühle anderer Menschen zu erkennen und zu verstehen, um daraus in einem gewissen Umfang ihre Handlungen vorherzusagen. Dazu ist eine ausgeprägte Fähigkeit zur Selbstwahrnehmung und zur Selbstreflexion erforderlich. Ein gewisses Feingefühl ist unbedingt nötig, wenn man als Feel Good Manager schnell eine stabile Vertrauensbasis zu unterschiedlichsten Mitarbeitern aufbauen will. Auch eine große Kommunikationsstärke sowie die Fähigkeit des aktiven Zuhörens müssen vorhanden sein, um im Gespräch leicht Zugang zum Partner zu finden und dessen Problematik zu begreifen. In der Arbeit des Feel Good Managers nehmen Konflikte naturgemäß eine wichtige Rolle ein. Ein aktives und konstruktives Konfliktmanagement gehört deshalb zu den wichtigsten Fähigkeiten, die ein Feel Good Manager mitbringen muss. Ein großes Maß an Offenheit gegenüber anderen Menschen und deren Problemen sowie ein gewisser Optimismus und ein insgesamt freundliches Wesen sind Eigenschaften, die der Feel Good Manager unbedingt haben sollte. Dadurch erleichtert er sich seine Arbeit und den konstruktiven Austausch mit den Mitarbeitern. Nötig ist auch ein hohes Maß an Problemlösungskompetenz und an Selbständigkeit. Der Manager ist täglich mit neuen Herausforderungen konfrontiert, für die noch nicht in jedem Fall eine konstruktive Lösung erarbeitet wurde. Hier setzt er an, und es gilt, diese Lösungen schnell zu finden und umzusetzen, um dem betroffenen Mitarbeiter einen Ausweg aus seiner vermutlich schwierigen Situation aufzuzeigen. Letztlich ist das Berufsbild des Feel Good Managers in den meisten Unternehmen noch recht frei und flexibel zu gestalten. Deshalb hat jeder Manager die Chance, seiner Tätigkeit ein ganz eigenes Leitbild zu geben und diese Rolle individuell zu prägen. Gerade das macht einen enormen Reiz dieser Stelle aus.

1.3   Welchen Nutzen bringt ein Feel Good Management?

Umsatz, Kosten, Gewinn – für ein wirtschaftlich orientiertes Unternehmen stehen diese Faktoren häufig im Vordergrund. Die Bilanz muss stimmen, die Aktionäre einer AG wollen attraktive Dividenden beziehen, die Gesellschafter anderer Rechtsformen sind an angemessenen Ausschüttungen interessiert. Angesichts dieser enormen Orientierung an Zahlen, Daten und Fakten ist es schwer, den Wirkungsgrad eines vordergründig »weichen« Erfolgsfaktors zu belegen. Doch die Einführung eines Feel Good Managements lohnt sich, denn die Effekte sind nicht nur wirtschaftlicher Art (6). Auch in Bezug auf die Kommunikationsstärke, die Innovationsorientierung und die Vernetzungssteigerung sind erhebliche Auswirkungen festzustellen. Doch wie sieht der Nutzen im Detail aus?

Eine recht neue Untersuchung des Bundesministeriums für Arbeit und Soziales aus dem Jahr 2015 zeigt, dass rund 15 Prozent der Arbeitnehmer mindestens einmal pro Jahr darüber nachdenken, ihren Job zu wechseln. Als Gründe gibt man ein schlechtes Arbeitsklima an, wobei vor allem fehlende Wertschätzung von Kollegen und Vorgesetzten im Vordergrund stehen. Für die Loyalität eines Mitarbeiters sind danach nicht nur der finanzielle Anreiz ausschlaggebend, sondern auch die Arbeitsbedingungen, die Führungskultur und daraus resultierend die Identifikation mit dem Unternehmen. Sofern das Gehalt stimmt, sind die Verbundenheit mit der Firma und die Begeisterung für die eigene Arbeit ausschlaggebende Gründe für die wegweisende Entscheidung einer Kündigung. Mit zunehmender Erfahrung der Arbeitskraft wird offenbar das Vertrauen zu Kollegen und Vorgesetzten immer wichtiger.

Nimmt man dann noch den Faktor der demografischen Entwicklung dazu, nach der die Mitarbeiter in den Unternehmen immer älter werden, wird klar, wie wichtig die Einführung eines Feel Good Managements ist. Eine hohe Fluktuation führt zu einer erheblichen Steigerung der Kosten, denn jeder Weggang eines erfahrenen Mitarbeiters ist teuer. Bis die Stelle neu besetzt ist und bis eine neue Fachkraft an Bord ist und richtig eingearbeitet ist, fallen durchaus Kosten im unteren sechsstelligen Bereich an. Dabei sind die schwer kalkulierbaren Kosten, die durch die Unruhe im Team bei einem Weggang eines Mitarbeiters entstehen, noch nicht einmal eingerechnet. Geht man davon aus, dass das Human Capital – also die Mitarbeiter mit ihrem Know-How! – ausschlaggebend sind für den Erfolg einer privatwirtschaftlich orientierten Firma, spielen Faktoren wie das Können, das Wollen und das Dürfen jedes Einzelnen im Betrieb eine immense Rolle. Wie die Zusammenhänge zwischen Zufriedenheit, Identifikation mit dem Unternehmen – dem Commitment – und der Begeisterung für die Arbeit – auch als Engagement bezeichnet – und dem Unternehmenserfolg gestaltet sind, zeigt folgende Abbildung sehr eindrucksvoll.

Mitarbeiterzufriedenheit, Commitment und (nachhaltiges) Engagement haben demnach erhebliche Auswirkungen auf den Erfolg eines Unternehmen, wobei sich dieser Effekt sogar mit Zahlen bewerten lässt. Unter der Arbeitszufriedenheit sei hier die Einstellung eines Mitarbeiters zu seiner Arbeit verstanden, um einer gängigen Definition aus der Arbeitspsychologie zu folgen. Beeinflusst wird sie unter anderem durch die Arbeitsbedingungen, durch das Verhältnis zu den Kollegen, durch den Führungsstil, durch die Selbstständigkeit bei der Arbeit, durch die Aufstiegs- und Karrieremöglichkeiten und durch das Gehalt. Sind diese Kriterien positiv ausgeprägt, steigt die Arbeitszufriedenheit unmittelbar. Spätestens an dieser Stelle wird die Bedeutung des Feel Good Managements klar, denn genau an diesen Stellschreiben setzt dieser ganzheitliche Ansatz an! Vereinfacht gesagt, könnte man ein erfolgreiches Feel Good Management also mit folgendem Satz umschreiben: Feel Good Management erfüllt seinen Zweck, wenn die Mitarbeiter sich freuen, an den Arbeitsplatz zu kommen – und nicht, wenn sie in den Feierabend gehen!

Mitarbeiterzufriedenheit ist natürlich auch eine wichtige Voraussetzung für ein hohes Commitment und ein großes Engagement. Unter dem Commitment versteht man die Identifikation mit seinem Unternehmen. Dieses Commitment ist unterschiedlich begründet. In seiner schwächsten Ausprägung greift es, wenn die Kosten eines Jobwechsels für den Mitarbeiter im Vergleich zum Verbleib im Unternehmen zu hoch erscheinen. In dieser Situation droht der gefürchtete »Dienst nach Vorschrift«. Ein etwas stärkeres Commitment ist eher moralischer Natur, wenn der Arbeitgeber zum Beispiel in eine Weiterbildung investiert hat und man deshalb nicht kündigen will. Commitment in seiner stärksten Form zeigt sich, wenn man sich mit den Werten und Normen der Firma identifiziert und deshalb gerne bleibt. Nur bei diesem Commitment ist ein Mitarbeiter bereit, höchste Leistung zu bringen und sich voll für seine Firma zu engagieren. Damit einher gehen in der Regel weniger krankheitsbedingte Fehltage, die sich wiederum für den Arbeitgeber unmittelbar finanziell auswirken. Greift diese Art von Commitment, gelten Mitarbeiter als besonders leistungsfähig. Selbst einer längerfristige Phase hoher Belastung führt dann nicht zu Ausfallzeiten oder Krankheiten, weil die Leistungsbereitschaft stark von einem intrinsisch motivierten Commitment getragen wird.

Das Zusammenspiel aus Mitarbeiterzufriedenheit, intrinsisch begründetem Commitment und hohem Engagement führt schließlich zu dem sogenannten nachhaltigen Engagement, das sich positiv auf den Unternehmenserfolg auswirkt. In der Praxis erkennt man eine Firma, die diesen erstrebenswerten Zustand erreicht hat, zum Beispiel daran, dass die Mitarbeiter auf die Nutzung des Home Office verzichten und bevorzugt im Büro arbeiten. Sie gehen die berühmte »Extrameile« gerne und mit Begeisterung und unterstützen ihre Firma so stark, dass enorme Umsatzsteigerungen möglich sind. Bildlich dargestellt, sieht dieser Zusammenhang so aus:

Obwohl sich auf den ersten Blick also kein direkter Zusammenhang zwischen einem gut durchdachten Feel Good Management und einem wettbewerbsfähigen Unternehmen ergeben mag, sieht das bei näherem Hinsehen ganz anders aus!

Du hast nun schon sehr viel zum ganzheitlichen Ansatz des Feel Good Managements erfahren. In den nächsten Kapiteln lernst du mehr über die einzelnen Bausteine des Feel Good Managements. Zuerst geht es um die Persönlichkeitsentwicklung, denn sie nimmt dabei eine zentrale Rolle ein. Wenn ein Unternehmen im sich ständig ändernden Wettbewerb bestehen will, fordert dies eine hohe Anpassungsbereitschaft an immer wieder neue Rahmenbedingungen. Es gilt, die eigenen Ziele stetig zu hinterfragen und sich selbst neu auszurichten. Diesen Weg müssen auch die Mitarbeiter mit Begeisterung mitgehen, denn nur durch sie wird eine Firma letztlich getragen. Deshalb ist von jedem Mitarbeiter – angefangen bei Vorstand und Geschäftsführung über die Führungskräfte bis zu den Sachbearbeitern und den Auszubildenden – eine kontinuierliche Veränderungsbereitschaft gefordert. Wie es gelingt, das gesamte Team auf dieser Reise mitzunehmen, zeigt dir der nächste Absatz. So viel sei schon verraten: Der Psychologie kommt dabei eine zentrale Bedeutung zu!

2. Warum die Persönlichkeitsentwicklung so wichtig ist

Kaum hatte ich mich ein wenig näher mit dem Konzept des Feel Good Managements beschäftigt, fiel mir ein wichtiger Baustein auf: In Theorie und Praxis wurde immer wieder von der Persönlichkeitsentwicklung geschwärmt! Sie sollte ausschlaggebend sein, wenn man ein Unternehmen langfristig in der Gewinnerspur halten wollte.

Eher widerwillig begann ich, mich mit dem Thema auseinanderzusetzen. Schließlich war ich selbst jahrelang erfolgreicher Unternehmer gewesen. Ich hatte mich aus einfachen Verhältnissen nach oben gearbeitet. Von meinen Eltern hatte ich nichts mitbekommen, außer dem unabdingbaren Willen, dass es mir finanziell einmal besser gehen sollte als ihnen. Dafür hatte ich in den vergangenen Jahren eine Menge getan. Ich hatte auf Freunde und Freizeit verzichtet. Für meine Familie blieb kaum Raum übrig. Meine Kinder sah ich selten, meine Frau ebenfalls. Meine Ehe stand von Zeit zu Zeit unter keinem guten Stern, und es war wohl nur der endlosen Geduld meiner Partnerin zu verdanken, dass sie es bisher mit mir ausgehalten hatte. Vor diesem Hintergrund war es für mich völlig unverständlich, warum ich mich mit der Entwicklung meiner Persönlichkeit beschäftigen sollte – und wieso ich diese Möglichkeit auch meinen Mitarbeitern einräumen musste, um erfolgreich zu sein. Hatten sie nicht in meinem Betrieb alles gehabt, was sie brauchten? Hatten sie nicht sichere Arbeitsplätze und ein gutes Einkommen? Warum also sollte es nötig sein, sich mit sich selbst zu beschäftigen, sich weiterzuentwickeln und an einer gestandenen Persönlichkeit zu arbeiten?

So dachte ich damals, und ich gebe zu – am Anfang war mir das Konzept des Feel Good Managements schon aufgrund der zentralen Rolle der Persönlichkeitsentwicklung wenig sympathisch. Es schien, als sollte ich einfach keinen Zugang dazu bekommen. Als ich das erste Buch schon gelangweilt aus der Hand legen wollte, fiel mein Blick auf eine provokante Aussage – von positiver Psychologie als dem Baustein für ein glückliches Leben war da die

Rede! Das machte mich neugierig, und ich beschloss, meinen kleinen Ratgeber doch noch nicht in der hintersten Schublade im Schrank zu verstecken. Also beschäftigte ich mich noch ein wenig eingehender mit der Persönlichkeitsentwicklung und ihrer Bedeutung für das Feel Good Management …

Heute muss ich sagen, dass ich in diesem Augenblick wohl den Grundstein dafür gelegt habe, mit meinem Start-up erfolgreich zu werden – erfolgreicher, als ich es jemals für möglich gehalten hatte. Folge mir gerne auf eine Reise durch die spannende Welt der Psychologie! Lasse dich überraschen, was Feel Good Management mit Persönlichkeitsentwicklung zu tun hat und wie ein Feel Good Manager positiv auf die Mitarbeiter einwirken kann.

2.1 Warum führt die Positive Psychologie zu einem glücklichen Leben?

Eine erste Definition der »Positiven Psychologie« wurde schon im Jahr 1954 von dem bekannten Psychologen Maslow geliefert (9). In den 1990er Jahren nahm Martin Seligman, seines Zeichens ebenfalls ein Psychologe aus den USA, das Thema erneut auf. Nach der Positiven Psychologie sind Glück, Geborgenheit, Optimismus, individuelle Stärken, Vertrauen, Verzeihen und Vergeben, aber auch Solidarität und andere positive Interpretationen des menschlichen Daseins ein Grundpfeiler für ein glückliches und erfülltes Leben. Experten gehen davon aus, dass sich aus diesem Ansatz eine Strömung oder im besten Fall eine Schule der Psychologie entwickeln könnte. Sie steht damit im Kontrast zu der traditionellen und eher defizitorientierten Psychologie.

Anders als die defizitär geprägte klassische Psychologie setzt die Positive Psychologie an der Erforschung der Einflussfaktoren an, die das menschliche Wesen stärken, die sein Wohlbefinden erhöhen und die damit sein Leben insgesamt lebenswerter gestalten. Im Fokus stehen zum Beispiel die Erforschung von positiven Gefühlen und Charakteren. Die Forscher Martin Seligman und Christopher Peterson identifizieren auf der Basis ihrer Studien sechs menschliche Tugenden und ordnen ihnen 24 positive menschliche Eigenschaften zu. Diese sechs Tugenden sind kognitive Stärken wie Wissen und Weisheit, emotionale Stärken wie Courage, interpersonale Stärken wie Menschlichkeit, zivile Stärken oder Gerechtigkeit, Mäßigung als die Stärke, sich gegen Übertreibung zu schützen und Transzendenz mit der spirituellen Stärke. Interessant werden diese sechs Tugenden, wenn man sich einige der positiven menschlichen Eigenschaften ansieht, die damit in Verbindung gebracht werden. Zu kognitiver Stärke gehören zum Beispiel Kreativität und Aufgeschlossenheit oder Neugier, zur emotionalen Stärke zählt man unter anderem Beharrlichkeit, Integrität oder Vitalität. Menschlichkeit lässt sich in Liebe und sozialer Intelligenz finden, Gerechtigkeit spiegelt sich in sozialer Verantwortung, aber auch in Fairness und Führungsstärke. Vergebung, Bescheidenheit, Demut oder Besonnenheit sind Aspekte der Mäßigung, zur Transparenz tragen die Wertschätzung von Schönheit, aber auch Dankbarkeit und Hoffnung bei. Die Positive Psychologie findet heute zum Beispiel bei vielen Leadershipkonzepten Anwendung.

Schaut man sich den Praxisbezug der Positiven Psychologie an, wird ein interessanter Aspekt deutlich. Ende der 1990er Jahre fanden Forscher heraus, dass die Psychologie bis dahin vorrangig mit der Erforschung von negativen Gefühlen beschäftigt war (10). Mit dem Phänomen des Glücks haben sich nur ganz wenige Untersuchungen auseinandergesetzt. Doch schon damals war klar, dass glückliche Menschen erfolgreich sein, dass sie sich besser fühlen und gesünder sind – und das sie damit auch länger leben. Glück konnte so etwas wie ein Allheilmittel bei ganz unterschiedlichen Beschwerden sein, wenn man es nur richtig nutzt! Deshalb haben immer mehr Psychologen versucht, diese Emotion in ihre Behandlungen einzubeziehen. Bis heute geht die moderne Forschung davon aus, dass sich Depressionen durch ein gesteigertes Glücksempfinden lindern lassen und dass glückliche Menschen stabilere Beziehungen führen, dass sie gesünder sind, effektiver arbeiten und im Beruf erfolgreicher sind. So entstand Schritt für Schritt der Forschungszweig der Positiven Psychologie. Vereinfacht gesagt setzt er nicht an der Schadensbegrenzung an, sondern an der Maximierung von Glücksgefühlen! In der psychologischen Praxis bedeutet das, dass man Patienten nicht dazu anhält, eine schwierige persönliche Situation immer wieder zu erleben, indem man sie im Gespräch thematisiert, sondern indem man positive Gefühle erzeugt und dadurch zu mehr Ausgeglichenheit, innerer Ruhe und Stärke verhilft.

Ein Vorreiter der Positiven Psychologie war Mihaly Csikszentmihalyi, seines Zeichens ebenfalls Psychologe. Er ist als der Entdecker des berühmten Flowkonzepts bekannt. Er fand heraus, dass sich ein Mensch besonders glücklich fühlt, wenn er mit seiner Aufgabe verschmilzt, wenn er dabei die Zeit vergisst und wenn die äußeren Anforderungen und die persönlichen Fähigkeiten in einer Balance stehen. Diesen Zustand bezeichnet er als »Flow«. Ausschlaggebend ist, dass sowohl die Anforderungen als auch die Kompetenzen in einem Gleichgewicht sind, jedes Ungleichgewicht verhindert, dass Flow entsteht. Aus diesen Ergebnissen folgte die Forderung, dass das gesamte Leben am besten so organisiert werden soll, dass ein Mensch vor immer neuen Herausforderungen steht, ohne dabei aber überfordert zu sein. Flow ist nicht auf das Privatleben begrenzt, er lässt sich sehr gut im Berufsleben erzeugen.

Ein weiterer Forschungsschwerpunkt der Positiven Psychologie ist die Frage nach den Charaktereigenschaften, die sich förderlich auf ein großes Glücksempfinden auswirken. Danach scheinen ein extrovertiertes und geselliges Wesen, aber auch Gewissenhaftigkeit, ein hohes Durchhaltevermögen und ein insgesamt positives Selbstbild dazu geeignet sein, das Glücksgefühl zu verstärken.

In eine ganz ähnliche Richtung geht das Konzept der »Reiss Motivation Profile« (11). Es wurde von dem US-amerikanischen Psychologen Steven Reiss entwickelt. Ausgangspunkt seiner Untersuchungen war die Frage »Wer bin ich?«. In vielen Studien fand er heraus, dass sich jedes menschliche Verhalten auf eines von 16 Motiven zurückführen lässt. Aus diesen 16 Motiven entwickelte er ein diagnostisches Verfahren, mit dessen Hilfe man eine Persönlichkeitsanalyse durchführen konnte. Die Reiss Motivation Profile sind bis heute ein Ansatz zur Einordnung des menschlichen Verhaltens.

Nach Reiss gibt es 16 Motive, die Einfluss auf unser ganzes Leben haben. Sie wollen unserem Leben Sinn geben und sind bei jedem Menschen unterschiedlich stark ausgeprägt. Zu diesen 16 Motiven gehören Unabhängigkeit, Macht, Anerkennung, Neugier, Sparen, Ehre, Ordnung, Idealismus, Beziehungen, Familie, Status, Eros, Rache, körperliche Aktivität, Ruhe und Essen. Natürlich ist jeder Mensch individuell, und er handelt nicht immer ohne Widersprüche. Trotzdem ist es für das menschliche Miteinander ganz essenziell, die eigenen Motive und auch die Motive unserer Mitmenschen zu verstehen, denn dadurch lässt sich das Zusammenleben ebenso wie die Zusammenarbeit enorm erleichtern. Das Wissen um die Motive der anderen macht es uns leichter, jemanden zu akzeptieren, der vordergründig ganz anders denkt und handelt als wir selbst.

Mit Hilfe der Reiss Motivation Profile findet man heraus, welche Motive unter der Oberfläche des menschlichen Verhaltens verborgen sind. Man sucht damit im Prinzip nach den Motoren, die der Antrieb für unser Handeln und unser Verhalten sind. Steven Reiss geht übrigens davon aus, dass mindestens 14 seiner Motive genetisch bedingt sind. Sie basieren also auf einem evolutionären Ursprung und werden im Lauf der Zeit von Kultur, Glauben und Erfahrungen beeinflusst. Jeder Mensch hat so etwas wie ein eigenes Motivationsprofil. Das bedeutet, jedes der 16 Motive ist bei ihm vorhanden, ist aber unterschiedlich ausgeprägt. Reiss unterscheidet außerdem nach zwei Arten des Glücks. Die »Feel Good Happiness« – das Wohlfühlglück – steht für Menschen, die schnell ein gutes Gefühl herstellen wollen und die darin einen Sinn finden. Die »Value Based Happiness« ist eher ein »wertorientiertes Glück«, es bedeutet, dass man den Sinn seines Handelns finden will und sein Leben in Übereinstimmung mit seinen eigenen Werten leben will. Im Ergebnis plädierte der Psychologe vor allem für eines: Toleranz ist eine wichtige menschliche Eigenschaft, denn sie erlaubt uns, Menschen mit anderen Gedanken und Gefühlen zu akzeptieren und anzunehmen, ohne darüber zu urteilen.

Sowohl die Positive Psychologie als auch die Reiss Motivation Profile sind moderne Ansätze, mit denen die Wissenschaft heute arbeitet. Interessant werden sie, wenn man sie miteinander in einen Zusammenhang bringt und eine Verbindung zum ganzheitlichen Konzept des Feel Good Managements herstellt.

Die Positive Psychologie untersucht im Grunde, was Menschen glücklich macht. Sie basiert auf der Erforschung menschlicher Gefühle in ihrer positiven Ausprägung. Um sich glücklich zu fühlen, sind offenbar besondere Eigenschaften sehr hilfreich. Dazu gehören beispielsweise Kreativität, Neugier, Beharrlichkeit, Vitalität, Gerechtigkeit, Fairness oder Führungsstärke. Das aber wiederum sind Eigenschaften, die man im Berufsleben sehr gut gebrauchen kann und die es uns leichter machen, Spaß bei der Arbeit zu haben. Folgt man dem Ansatz der Positiven Psychologie, sind diese Merkmale im menschlichen Verhalten wichtig für ein optimales Miteinander im Beruf und in der Zusammenarbeit. Die genannten Eigenschaften sollen es erleichtern, den so häufig zitierten »Flow« zu erreichen, in dem Menschen in ihrer Begeisterung auch großer Belastung standhalten und über einen langen Zeitraum Topleistungen bringen. Wenn es also gelingt, im Berufsleben diesen Zustand des »Flow« zu erreichen, setzen sich Mitarbeiter mit ihrer ganzen Energie für das Unternehmen ein, weil sie es gerne tun. Diese Begeisterung kennt man häufig nur von Selbstständigen, die Tag für Tag voller Motivation für ihr eigenes Unternehmen und ihre eigenen Gewinne arbeiten. Bei einem Arbeitnehmer verhält es sich allerdings anders, denn auch bei größten Engagement arbeitet er letztlich nur für die Gewinne seines Unternehmens. Ist dieser Zustand des Flows zu erreichen und kann man ihn auf Dauer aufrecht erhalten, ist das ein enormer Vorteil für die Wettbewerbsfähigkeit eines gesamten Unternehmens. So trägt jeder einzelne Mitarbeiter durch seine begeisterte Arbeit letztlich dazu bei, dass sich eine Firma optimal gegen die Konkurrenz durchsetzt und am Markt behauptet. Durch die Konzentration auf die Positive Psychologie könnten sich viele Unternehmen also deutlich besser am Markt aufstellen. Sie könnten sich besser positionieren, sie hätten geringere Krankheits- und Ausfallkosten und sie könnten die Konkurrenz weit hinter sich lassen.

Betrachtet man dann noch die Ursachen für das menschliche Handeln in Sinne der Reiss Motivation Profile, lässt sich jede Aktion, jedes Tun und Unterlassen zu einem der 16 Motive zuordnen. Viele davon lassen sich optimal im beruflichen Umfeld ansiedeln. Ob man nun unabhängig arbeiten will oder nach einer bestimmten Macht und Anerkennung strebt, ob man neugierig auf immer neue Aufgabe ist oder ob man bemüht ist, das Geld

des Arbeitgebers zu sparen, ist im Prinzip zweitrangig. Viele dieser 16 genannten Motive findet man Tag für Tag als Auslöser unseres Handelns im
Berufsleben wieder.

Sowohl die Positive Psychologie als auch die Reiss Motivation Profile bergen
Ansatzpunkte für das moderne Feel Good Management. Unternehmen,
die ein Feel Good Management in ihrer Kultur verankert haben, nutzen
die wegweisenden Ergebnisse der Positiven Psychologie und der Reiss Motivation Profile und richten ihre gesamte Kultur danach aus. Der Persönlichkeitsentwicklung des einzelnen Mitarbeiters kommt dabei eine zentrale
Bedeutung zu.

2.2 Wie beeinflusst der Feel Good Manager die Persönlichkeitsentwicklung?

Der Berufsverband der Feel Good Manager hat in einer knappen Definition
aufgezeigt, was das Berufsbild ausmacht (12). Danach handelt es sich beim
Feel Good Management um einen wertorientierten Ansatz zur Organisationsentwicklung. Dabei liegt der Fokus auf allem, was bereits an positiven
Dingen vorhanden ist – oder anders formuliert, auf den Ressourcen der Mitarbeiter, auf ihrer Motivation und auf ihren Innovationen. In das Feel Good
Management fließen unter anderem Elemente der Achtsamkeitsforschung
und der Resilienzforschung ein.

Die Definition basiert auf der Annahme, dass jeder Mitarbeiter, den man
respektvoll und fair behandelt, einen Sinn in seiner Arbeit sieht und deshalb
aktiv an den Abläufen im Unternehmen teilnimmt, sich mit den Leitbildern
des Unternehmens identifiziert und dadurch mit Freude und viel effizienter
arbeitet. Ein zentraler Aspekt ist die Wertschätzung, die aus einer Grund-
haltung sich selbst und anderen gegenüber besteht. Nach dem Verständnis
des Fachverbands ist ein Feel Good Manager ein Begleiter, der die internen
und externen Prozesse im Unternehmen und die Mitarbeiter als Berater be-
treut. Feel Good Manager regen Entwicklungsprozesse an, sie erarbeiten und

betreuen sie, sie leben sie, und sie sorgen für die nachhaltige Verankerung im Arbeitsalltag. Ihr erklärtes Ziel ist es, Mitarbeiter dabei zu unterstützen, sich wohl zu fühlen und dadurch leistungsfähig und gesund zu bleiben. Die Folgen reichen von einer geringeren Fluktuation über eine gesteigerte Motivation bis hin zu einer besseren Wirtschaftlichkeit und damit einer stärkeren Positionierung im Wettbewerb. Außerdem hilft Feel Good Management einem Unternehmen natürlich dabei, sich als attraktiver Arbeitgeber am Markt zu behaupten, um dadurch nicht nur etablierte Fach- und Führungskräfte im Betrieb zu halten, sondern gleichzeitig neue und ambitionierte Mitarbeiter zu gewinnen.

Vor diesem Hintergrund wird das Selbstverständnis des Feel Good Managers klar. Als Initiator, Entwickler und Umsetzer von neuen Prozessen arbeitet er einerseits aktiv an unterschiedlichsten Verbesserungen im Unternehmen mit. Andererseits nimmt er aktiv Einfluss auf die Persönlichkeitsentwickung des einzelnen Mitarbeiters. Natürlich macht die Einführung von innovativen Abläufen rund um das Gesundheitsmanagement, die Kommunikation und das Diversity Management einen großen Anteil seiner Arbeit aus. Doch jeder Prozess muss im beruflichen Alltag gelebt werden. Das ist in den meisten Fällen nicht ohne die aktive Beteiligung der Mitarbeiter und der Führungskräfte möglich. Deshalb muss jeder Einzelne bereit sein, permanent an seiner Persönlichkeit und an seinen Fähigkeiten und Fertigkeiten zu arbeiten. Der viel zitierte Begriff des »Lebenslangen Lernens« bekommt vor diesem Hintergrund eine ganz neue Bedeutung. Stand es bis vor wenigen Jahren noch im Vordergrund, sich schnell an neue Technologien zu gewöhnen und die Nutzung von Smartphones, Tabletts und mobilem Internet in der Firma zu verbreiten, geht es im Rahmen des Feel Good Managements um eine etwas anders gelagerte Ausrichtung der Persönlichkeitsentwicklung. Bei diesem wertorientierten Ansatz steht der einzelne Mitarbeiter mit seinen Stärken im Vordergrund. Sie dürfen weiterentwickelt werden, an Schwächen kann selbstverständlich ebenfalls gearbeitet werden. Damit Mitarbeiter und Führungskräfte das so häufig zitierte Stadium des »Flow« erreichen, sind selbstverständlich die entsprechenden Rahmenbedingungen im Unternehmen zu schaffen. Doch es bedarf auch des Engagements eines jeden einzelnen Mitarbeiters, der dieses Konzept der ständigen persönlichen Weiterentwicklung mittragen und leben muss. Eine vom Vorgesetzten erzwungene Teilnahme an Schulungen und Seminaren hilft an dieser Stelle nur wenig weiter. Vielmehr geht es darum, dass jeder einzelne Mitarbeiter das Konzept des Feel Good Management in sich und in seiner Einstellung zur Arbeit verankert und täglich »lebt«.

Ein Feel Good Manager kann darauf in gewisser Weise Einfluss nehmen. Allerdings ist seine Bemühung zum Scheitern verurteilt, wenn das Konzept von der breiten Masse der Mitarbeiterschaft abgelehnt wird, weil man darin keinen Sinn sieht. Deshalb gewinnt die Persönlichkeitsentwicklung des Einzelnen im Rahmen des Feel Good Managements eine zentrale Bedeutung. Anders formuliert – nur wenn von der Geschäftsleitung über die Führungskräfte bis zu den Mitarbeitern und den Auszubildenden alle an einem Strang ziehen, bringt Feel Good Management jedem Einzelnen und dem gesamten Unternehmen den gewünschten Effekt. Eine kontinuierliche freiwillige Persönlichkeitsentwicklung ist dazu eine wichtige Voraussetzung.

Ein weiterer essenzieller Bestandteil des Feel Good Managements ist die Kommunikation nach innen und nach außen. Wie man Visionen entwickelt, Verbundenheit schafft und die nötigen Strukturen aufbaut, erfährst du im nächsten Abschnitt.

3. Die Macht der richtigen Kommunikation

Mit Kommunikation erreichst du eine ganze Menge – du überzeugst deine Zuhörer von dringend notwendigen Veränderungen, du schaffst Transparenz durch die Erläuterung deiner Argumente, du beseitigst Ängste, indem du dir Sorgen anhörst und Lösungen entwickelst und aufzeigst. Mit einem Wort: Mit einer zielgerichteten Kommunikation begeisterst du Menschen. Als Unternehmer hatte ich der Kommunikation nach meinem Verständnis in meiner eigenen Firma einen ausreichend großen Stellenwerte eingeräumt – so jedenfalls glaubte ich. Ich stand in regelmäßigem Austausch mit meiner Sekretärin und mit meinen Abteilungsleitern, die alles Wesentliche sicher an die Mitarbeiter weitergeben würden. Von Kommunikation mit meinen Geschäftspartnern oder gar von Marketing hielt ich nicht sehr viel, schließlich lief mein Geschäft auch ohne Werbung im großen Stil recht erfolgreich …

Doch schon kurze Zeit, nachdem ich mich mit dem Konzept »Feel Good Management« beschäftigt hatte, stieß mit der Begriff der internen und externen Kommunikation förmlich ins Auge. Plötzlich war von Visionen die Rede, von der Entwicklung und Gestaltung einer Unternehmenskultur bis hin zum Aufbau einer Struktur für ein wertorientiertes Arbeitsumfeld. Hinzu kam das weite Feld Social Media, mit dem ich bisher noch kaum in Berührung gekommen war.

Offenbar spielte die Kommunikation nach innen und nach außen eine erhebliche Rolle, wenn man sich als Unternehmen im Sinne des Feel Good Management ausrichten wollte. Warum aber sollte es so wichtig sein, nach innen und außen zielgerichtet zu kommunizieren? Wer waren die Empfänger der Kommunikation? Was hatte es mit den verschiedenen Kanälen auf sich? Und wer definierte überhaupt, was die richtige Kommunikation ist, wie sie funktioniert – und welche Wirkung sie hervorruft? Der Ansatz »Feel Good Management« begann, mich endgültig zu faszinieren. War ich am Anfang noch sehr skeptisch gewesen, wollte ich nun noch viel mehr lernen über die Wege der richtigen Kommunikation und über ihre Wirkung auf die Zuhörer.

Leider musste ich mir in diesem Stadium meiner Recherche und Überlegung eingestehen, dass ich bisher wohl wenig erfolgreich war, wenn es um meine eigene Kommunikation ging. Dabei hielt ich mich eigentlich für einen Menschen, der offen auf andere zugeht, der den Austausch sucht und der Feedback von anderen annimmt und berücksichtigt. Doch wie so häufig im Leben, gab es offenbar eine enorme Abweichung zwischen dem Selbstbild und dem Fremdbild. Bei nächster Gelegenheit nutzte ich meine Chance und sprach einen meiner früheren Abteilungsleiter dazu an. Ich wollte wissen, wie die Mitarbeiter den Austausch mit dem »Alten« damals empfunden hatten – und musste leider erfahren, wie man unseren Betrieb in der Öffentlichkeit schilderte. Von »starren Strukturen«, »fehlendem Austausch mit den Vorgesetzten« und »mangelnder Unternehmenskultur« war plötzlich die Rede … Natürlich war ich am Anfang wenig begeistert, dieses Feedback zu bekommen. Trotzdem nahm ich es mir in einer stillen Stunde zu Herzen und setzte mich noch intensiver mit dem Geheimnis einer erfolgreichen Kommunikation und dem Zusammenhang zum Feel Good Management auseinander …

Tauche mit mir ein in die Kunst der richtigen Kommunikation im Stil des Feel Good Managements und lasse dich begeistern, was du damit erreichen kannst. Mich selbst hat der Ansatz überzeugt und ich setze ihn täglich gerne in meinem kleinen Start-up um – mit Erfolg, wie mir Geschäftspartner und Mitarbeiter regelmäßig spiegeln.

3.1 Was hat Feel Good Management mit Unternehmenskultur zu tun?

Unternehmen unserer Zeit sind enormen Herausforderungen ausgesetzt (13). Digitalisierung, Wertewandel, demografischer Wandel und Globalisierung sind nur vier Trends, die Einfluss auf unsere Arbeitswelt haben und die Anpassungen erforderlich machen. Firmen, die diese Trends verpassen, sind gefährdet, irgendwann vom Markt zu verschwinden, wenn es nicht gelingt, sich darauf einzustellen. Feel Good Management dient als ganzheitlicher Ansatz dazu, eine Antwort auf die Frage zu finden, wie man mit diesen

Trends umgeht, um das Beste aus einem Unternehmen herauszuholen. Beeinflusst werden diese Megatrends aus gesellschaftlichen, wirtschaftlichen und technischen Entwicklungen heraus. Wer erkennt, wie sie sich auf das Arbeitsumfeld von heute und morgen auswirken und welche Veränderungen sich daraus ergeben, kann das eigene Unternehmen danach ausrichten.

Einer der wichtigsten Treiber von Entwicklungen in unserem Arbeitsumfeld ist zweifelsohne die Digitalisierung. Sie führt einerseits zur Nutzung von neuen Technologien im Arbeitsalltag, revolutioniert andererseits aber auch die Arbeitsteilung zwischen Mensch und Maschine. In der Praxis sieht das zum Beispiel so aus, dass Maschinen direkt miteinander kommunizieren, Kunden agieren direkt mit den wichtigen Funktionen Vertrieb, verkauf und Produktion, und über Social Media sind interessierte Zuschauer jederzeit auf dem Laufenden, was in einem Unternehmen gerade passiert. Digitalisierung stellt hohe Anforderungen an die Qualifikationen der Mitarbeiter. Was heute noch angesagt war, ist morgen veraltet. Arbeitsplätze, die heute noch sicher erschienen, sind morgen überflüssig. Vorhandene Qualifikationen müssen verändert und angepasst werden in einem Tempo, das Mitarbeiter, Personalabteilung und Geschäftsleitung überfordert. Schlagworte wie Offenheit, Partizipation, Vernetzung und Agilität gewinnen an Bedeutung, sie schaffen die Grundlage dafür, dass Unternehmen und Mitarbeiter den schnellen Wandel bewältigen. Dazu sind neue Strukturen zu schaffen, die bis vor wenigen Jahren noch nicht einmal denkbar erschienen. Die Fähigkeit des lebenslangen Lernens ist eine Grundvoraussetzung, um in der zunehmend digitalen Welt zu bestehen, doch hinzu kommen weitere Soft Skills wie zum Beispiel Innovationsbereitschaft, ganzheitliches und vernetztes Denken, technisches Verständnis, Veränderungsbereitschaft und Flexibilität. Neben dem hohen Anpassungsbedarf in immer schnellerem Tempo zieht die Digitalisierung aber noch eine weitere wichtige Entwicklung nach sich. Sie macht es möglich, dass Mitarbeiter dank Smartphone, Tablett und Co. ständig erreichbar sind. Die Grenzen zwischen Arbeit und Freizeit verwischen immer mehr, wodurch sich negative Auswirkungen auf die Gesundheit ergeben können. Unternehmen und Mitarbeiter müssen gegensteuern, wenn nicht die Fälle von psychischen Erkrankungen mehr und mehr zunehmen sollen.

Ein weiterer wichtiger Trend des modernen Arbeitslebens ist der zunehmende Wertewandel. Wir wollen selbstbestimmt leben und arbeiten, wir wollen unsere Individualität ausleben, wir wollen gleichberechtigt agieren. Durch die Veränderung gesellschaftlicher und sozialer Normen verändern sich auch der Stellenwert der Arbeit und die Ansprüche an das Arbeitsumfeld. Wo vor wenigen Jahren noch materieller Besitz und Vermögen von Bedeutung waren, werden heute Selbstverwirklichung, Glück, Freiheit und Individualität zu den zentralen Grundpfeilern von Arbeitszufriedenheit. Die häufig zitierte »Generation Y« der Digital Natives, die gerade am Anfang ihrer beruflichen Entwicklung steht, wird diesen Trend noch viel mehr ausleben als es die vorherige Generation tut, die heute mitten im Berufsleben verankert ist. Rund 60 Prozent der Berufseinsteiger wünschen sich, in beruflichen Entscheidungen stärker eingebunden zu werden und mitreden zu können. Eine ausgewogene Balance von Arbeit und Freizeit ist mehr als nur ein Modewort, es ist eine elementare Forderung, die junge Berufstätige schon heute stellen und die zukünftige Generationen noch stärker postulieren werden. Ein Unternehmen muss Antworten auf solche Forderungen finden, wenn es für junge Fach- und Führungskräfte attraktiv bleiben will.

Auch der demografische Wandel spielt für Firmen eine Rolle, er hat Auswirkungen, die es zu steuern gilt. Im Jahr 2017 sind rund 43 Millionen Menschen in Deutschland berufstätig. Bis zum Jahr 2025 soll dieser Anteil um über sechs Prozent fallen (14). Einerseits gehen die Zahlen der Geburten zurück, andererseits werden die Menschen immer älter. Der häufig zitierte Fachkräftemangel mag noch nicht in allen Branchen angekommen sein, und es gibt Wirtschaftszweige, die davon auch zukünftig verschont bleiben werden. Dennoch müssen Unternehmen Antworten finden auf die Frage, wie man mit den immer älter werdenden Mitarbeiter umgeht, wie man sie qualifiziert, um sie für den Arbeitsmarkt attraktiv zu halten. Weder die zunehmende Digitalisierung noch die Zuwanderungswelle sind dazu geeignet, diesen Wandel in der Bevölkerung auf dem Arbeitsmarkt vollständig aufzufangen. Der demografische Wandel sorgt dafür, dass der Arbeitsmarkt mehr und mehr von den Bewerbern bestimmt wird. Das heißt, Unternehmen stehen im Wettbewerb um die besten Arbeitskräfte, und nur attraktive Firmen werden von jungen und gut ausgebildeten Arbeitskräften ausgewählt werden.

Für Unternehmen ist es essenziell, ein Gleichgewicht zwischen jungen und älteren Mitarbeitern herzustellen, die im gegenseitigen Austausch stehen und die voneinander profitieren. Gelingt das, bleibt eine Firma wettbewerbsfähig – doch gelingt es nicht, hat das erhebliche Auswirkungen auf die Zukunft und den Fortbestand des Betriebs.

Auch in der Globalisierung liegt ein Megatrend, der die Arbeitswelt von heute und morgen maßgeblich bestimmt. Flache Hierarchien und dynamische Strukturen sind ebenso notwendig, um darauf zu reagieren wie Arbeitskräfte, die sich im internationalen Umfeld behaupten können. Angefangen bei den nötigen Sprachkenntnissen über das Wissen um kulturelle Besonderheiten bis hin zum Know-How zu neuen Technologien reicht das Spektrum der Qualifikationen, die ein Mitarbeiter heute mitbringen muss, um sich in einem global aufgestellten Unternehmen zu behaupten. Gleichzeitig wächst die Heterogenität der Belegschaft, und ein Unternehmen muss mehr und mehr damit fertig werden, dass heute Arbeitskräfte aus Kulturkreisen unter den Mitarbeitern sind, die noch vor wenigen Jahren nicht in der deutschen Arbeitswelt zu finden waren. Die zunehmende Vernetzung auf internationaler Ebene in Kombination mit einer verstärkten Zuwanderung aus unterschiedlichsten Nationen erhöht die Anforderungen an die Firmen, sich mit der Verschiedenartigkeit – auch als Diversity bezeichnet – der Belegschaft auseinanderzusetzen.

Schaut man sich diese Megatrends an, die auf Unternehmen aller Branchen und Größen einwirken, wird schnell klar, dass ein gesamtheitliches Konzept gefordert ist, um diesen Trends zu begegnen und um Lösungen zu finden, zielgerichtet damit umzugehen (15). Einerseits steht das Human Resources Management verstärkt im Mittelpunkt, denn es stellt die Verbindung zwischen der Strategie eines Unternehmens und dem operativen Geschäft dar. Andererseits bedarf es aber eines weiterführendes Ansatzes, um auf den immer schnelleren Wandel der Arbeitswelt zu reagieren. Dies gilt umso mehr, als dass das sich ändernde Arbeitsumfeld direkte Auswirkungen auf die Mitarbeiter hat. Dazu bedarf letztlich einer Verzahnung von Unternehmensstrategie, Human Resources Management und des operativen Geschäftsfeldes. Das Feel Good Management bietet diesen Ansatz, sofern es im Unternehmen den Stellenwert bekommt, der ihm gebührt. In letzter Konsequenz führt das dazu, dass Feel Good Management in der Unternehmenskultur verankert werden muss und ein fester Bestandteil dieser Unternehmenskultur sein muss. Sie zu gestalten, zu erhalten und zu bewahren muss eine wesentliche Aufgabe des Feel Good Managements sein.

Um den Zusammenhang zwischen Feel Good Management und Unternehmenskultur mit wenigen Worten auf den Punkt zu bringen, könnte man postulieren: Eine Unternehmenskultur kann ohne Feel Good Management gelebt werden – Feel Good Management ohne Unternehmenskultur allerdings nicht.

3.2 Wie entsteht aus der Unternehmenskultur eine Vision?

Um Feel Good Management zum Teil der Unternehmenskultur zu machen, sind im Prinzip zwei Voraussetzungen erforderlich: Zum einen lohnt es sich, einen Blick auf die Erfolgsfaktoren von Feel Good Management zu werfen, zum anderen muss aus der Verankerung in der Unternehmenskultur eine Vision abgeleitet werden. Beide Schritt sind prinzipiell unabhängig voneinander, können aber sehr gut nebeneinander bestehen.

Viele Firmen, die Feel Good Management bereits erfolgreich praktizieren, haben einige Gemeinsamkeiten (16). Feel Good Management ist überwiegend in jungen Unternehmen zu finden, die sich im Bereich E-Commerce, IT oder digitale Medien einen Namen machen wollen. Sofern etablierte Unternehmen ein Spin-Off gegründet haben, um sich im Bereich Digitalisierung und Innovation neu zu positionieren, sind auch dort Feel Good Manager zu finden. Die Kernkompetenz dieser Firmen besteht meistens in einer wissensbasierten Dienstleistung. Es handelt sich also überwiegend um Betriebe, die ihr Wissen im digitalen Bereich anbieten. In handwerklichen oder gewerblichen Firmen sind bisher so gut wie keine Feel Good Manager eingesetzt. Die große Mehrzahl der Unternehmen, die sich einen Feel Good Manager leisten, sitzt in Deutschland in Berlin. Das wiederum ist nicht weiter verwunderlich, denn Berlin gilt noch immer als ein Mekka für

Existenzgründer. Allein im Jahr 2015 waren über 30 Prozent der Start-ups in Berlin ansässig. Hamburg und München sind ebenso wie Köln weitere beliebte Standorte der Wohlfühlmanager. Viele Unternehmen mit Feel Good Managern sind noch nicht sehr lange am Markt, dadurch bestätigt sich der Eindruck, dass Feel Good Management vor allem in Start-ups zu finden ist. Auffallend ist das junge Alter der Mitarbeiter, das im Durchschnitt bei knapp über 30 Jahren liegt. Weitere Gemeinsamkeiten bei diesen Firmen ließen sich in Bezug auf die Organisationsstruktur, auf die Offenheit und auf die Unternehmenskultur feststellen. Auffallend ist weiterhin, dass sich der große Teil der Firmen mit einem Feel Good Manager in einer starken Wachstumsphase unmittelbar nach der Gründung befindet. Diese Phase ist traditionell durch eine große Belastung aller Mitarbeiter gekennzeichnet, in der außergewöhnlich hoher Einsatz gefordert ist. Ein effektives Feel Good Management wird in diesen Unternehmen als ein essenzieller Bestandteil der Unternehmenskultur verstanden, um eine dauerhafte Überforderung mit massiven gesundheitlichen Auswirkungen zu vermeiden.

Eng mit der Organisationsstruktur junger Start-ups verbunden sind flache Hierarchien. Sie sind ein zweiter Erfolgsfaktor von Feel Good Management und eine wichtige Gemeinsamkeit vieler Unternehmen mit erfolgreichem Wohlfühlmanagement. Jeder einzelne Mitarbeiter arbeitet sehr selbstständig, Entscheidungen werden gemeinsam getroffen, wo immer dies möglich ist. Kurze Entscheidungswege und schnelle Ausführungen sind weitere Kennzeichen, die diese jungen Firmen ausmachen. Führungspositionen basieren überwiegend auf vorhandenen Kompetenzen, nicht auf einer mit der Position verbundenen Macht, die von der Geschäftsleitung verliehen wird. Die Arbeitsatmosphäre ist gekennzeichnet durch Vertrauen und durch gegenseitige Unterstützung, nicht durch Kontrolle oder verliehene Autorität.

Zu einem weiteren Erfolgsfaktor hat sich die Akzeptanz durch das Management und die Führungskräfte entwickelt. Feel Good Management kann nicht von »oben nach unten« angeordnet werden. Es muss gelebt werden und Tag für Tag erneut im Betrieb praktiziert werden. Es ist unabdingbar, dass Führungskräfte voll hinter diesem Konzept stehen und den Ansatz aus vollem Herzen mittragen. Nur dann sind Mitarbeiter davon zu überzeugen, und nur dann lässt sich aus einer Unternehmenskultur eine Vision ableiten, die jeden Tag gelebt wird.

Auch die Bündelung der Aufgabe bei einer Person ist ein wesentliches Kriterium für den Erfolg von Feel Good Management. Der Wohlfühlmanager muss in der Belegschaft bekannt sein, er muss vernetzt sein, und er muss das uneingeschränkte Vertrauen der Mitarbeiter, der Führungskräfte und der Geschäftsleitung genießen. Nur dann ist es möglich, über sensible Themen zu sprechen, die im Berufsalltag immer wieder auftauchen. Außerdem ist es wenig sinnvoll, die Verantwortung dafür auf mehrere Schultern zu verteilen, denn das führt am Ende häufig dazu, dass sich niemand für die Lösungsfindung und die Umsetzung verantwortlich fühlt. Erfolgreiches Feel Good Management braucht ein »Gesicht«, das den Mitarbeitern bekannt ist, nur dann kann es dauerhaft gelebt werden.

Es gibt also eine Reihe von Faktoren, die ein effektives Feel Good Management begünstigen. Unternehmen, die das Wohlfühlmanagement einführen oder ausbauen wollen, sind gut beraten, sich an den Start-ups zu orientieren, die hier schon viel weiter in der Entwicklung sind. Sind diese Erfolgsfaktoren geschaffen, ist es erheblich einfacher, Feel Good Management im betrieblichen Alltag umzusetzen. Wenn aber Feel Good Management mehr sein will als nur eine Worthülse, muss es außerdem in der Unternehmenskultur verwurzelt sein und von dort in die einzelnen Funktionsbereiche einfließen. Ob Kommunikation, Employer Branding, Konfliktmanagement oder Diversity Management – Feel Good Management muss überall gelebt werden. Das gelingt nur, wenn es in der Unternehmenskultur verankert ist, um von dort in eine Vision heruntergebrochen zu werden. Doch wie entwickelt man aus der Unternehmenskultur eine Vision?

Um diesen Schritt zu gehen, setzen Start-ups auf eine ebenso einfache wie wirkungsvolle Technik, die auch etablierte Unternehmen in ihrem Repertoire haben: Ein Workshop von Geschäftsleitung und Mitarbeitern – gerne unter Beteiligung eines externen Moderators – ist gut geeignet, um eine gemeinsame Vision entstehen zu lassen.

Je nach Größe des Unternehmens zieht man alle Mitarbeiter hinzu, alternativ kommt ein repräsentativer Querschnitt über die Belegschaft in Frage. Praktikabel ist zum Beispiel, aus jeder Abteilung ein bis zwei Mitarbeiter auszuwählen, die an einem solchen Workshop teilnehmen. Es ist darauf zu achten, dass alle Abteilungen oder Teams vertreten sind, dass die Altersstruktur und die Qualifikationen gut gemischt sind und dass sich insgesamt ein heterogenes Bild der Teilnehmer ergibt. Damit vermeidet man, dass die Vision am Ende sehr einseitig ausfällt. Außerdem kann man dadurch gut argumentieren, dass an der Entwicklung Mitarbeiter aus allen Bereichen beteiligt waren, was der Akzeptanz in der Belegschaft förderlich ist.

Für die Durchführung des Workshops selbst lohnt es sich, die Teilnehmer einen Tag lang aus dem Routinebetrieb zu entlassen. Vielleicht wählt man eine schöne Lokation in der Nähe, wo für Entspannung und Abwechslung gesorgt ist. Es ist wichtig, dass sich die Mitarbeiter einen Tag lang auf etwas ganz anderes konzentrieren können und ihre alltägliche Arbeit einmal hinter sich lassen können. Das macht den Kopf frei, so dass man sich auf eine ganz neue und sicher ungewohnte Fragestellung konzentrieren kann.

Zur Einstimmung sollte der Moderator dafür sorgen, dass alle Teilnehmer das gleiche Verständnis von der Aufgabenstellung haben. Dazu kann zu Beginn ein kurzer Abriss zum Thema »Feel Good Management« gegeben werden. Gerade für Mitwirkende, die wenig Erfahrung mit solchen Entwicklungsworkshops haben, ist es ausschlaggebend zu verstehen, was von ihnen erwartet wird. Sie müssen die Fragestellung verinnerlichen und bereit sein, sich auf das neue und unbekannte Terrain zu begeben. Ist die Aufgabenstellung klar und ist verstanden, dass es eine gemeinsame Vision für das zukünftige Feel Good Management zu entwickeln gilt, geht es an die eigentliche Arbeit.

Je nach Anzahl der Teilnehmer kann man die Gruppe noch einmal in kleinere Untergruppen einteilen. Abhängig von der Aufgabenstellung sollte man auf eine heterogene oder eine homogene Zusammensetzung der Teams achten. Um von der Unternehmenskultur zur Vision zu kommen, ist es zum Beispiel interessant, »Zehn goldene Regeln« für das Feel Good Management zu entwickeln, die jeder Bereich für sich in Zukunft praktiziert. Das Human Resources Management könnte es sich auf die Fahne schreiben, sich um gezielte Weiterbildungsprogramme für Mitarbeiter zu kümmern und die gesamte Belegschaft jedes Jahr auf mindestens eine Veranstaltung zu schicken. Das Gesundheitsmanagement könnte sich zum Ziel setzen, eine zusätzliche augenärztliche Untersuchung auf Firmenkosten anzubieten. Die Führungskräfte könnten sich dazu verpflichten, einmal monatlich mit jedem Mitarbeiter zu sprechen, um herauszufinden, wo gerade der Schuh drückt. So wird für jeden einzelnen Bereich ein Leitfaden entwickelt, der dazu dient, die häufig vage und wenig greifbare Idee des Feel Good Managements in die tägliche Praxis zu überführen. Wichtig ist, dass man darauf achtet, alle Regeln so konkret wie möglich zu formulieren. Am besten hinterlegt man sie mit Zahlen, Daten und Fakten, um die spätere Ausführung so leicht wie möglich zu machen. Je einfacher die zehn Regeln formuliert sind, desto effektiver ist übrigens auch die Erfolgskontrolle. Nur messbare Ziele lassen sich sinnvoll überwachen und in der Ausführung kontrollieren. Deshalb sollte man bei der Formulierung der Regeln sorgfältig darauf achten, so konkret und detailliert wie möglich zu arbeiten.

3.3 Wie entsteht aus Feel Good Management ein wertorientiertes Arbeitsumfeld?

Feel Good Management ist nicht nur Teil der Unternehmenskultur und eine Vision für das ganze Unternehmen – es steht auch für ein verändertes Werteverständnis (17). Werte wie Fairness, Zusammenarbeit und Offenheit geraten in den Mittelpunkt, wobei es von großer Bedeutung ist, diese Werte auf den einzelnen Mitarbeiter individuell zuzuschneiden und zu leben. Der Begriff des Mitarbeiters steht hier für alle Mitarbeiter eines Unternehmens, unabhängig davon, ob es sich um Führungskräfte, Sachbearbeiter oder Auszubildende handelt.

In der praktischen Umsetzung könnte ein verändertes Werteverständnis zum Beispiel dadurch manifestiert werden, dass Vorgesetzte mehr und mehr zum Coach werden, aber auch zum Motivator und zum Mediator. Das erfordert eine partnerschaftliche Kooperation zwischen Mitarbeiter und Teamleiter oder Abteilungsleiter, die absolut auf Augenhöhe stattfindet. Ein offener und fairer Austausch ist dazu unbedingte Voraussetzung, wobei die Art und der Umfang von dem jeweiligen Mitarbeiter abhängt. Gerade ältere Mitarbeiter mögen unter Umständen noch an der Rolle einer starken Führungskraft orientiert sein und eine fast autoritäre Führung suchen, wenn sie dies nach vielen Jahren in einem Unternehmen gewohnt waren. Wer von heute auf morgen Freiheiten und Verantwortung bekommt, die er bisher nicht gewohnt war, muss zuerst lernen, diese wahrzunehmen und auszuüben. Das kann in der ersten Zeit sehr ungewohnt sein und zu Konflikten führen, wenn die Führung plötzlich nicht mehr so ausgeübt wird, wie man sie bisher kannte. Auch für Berufseinsteiger mag es schwierig sein, sich auf eine partnerschaftliche Führung durch den Teamleiter oder den Abteilungsleiter einzulassen, denn gerade in der Anfangszeit nach der Ausbildung oder nach dem Studium sind klare Ansagen häufig noch erforderlich, damit sich ein junger Mitarbeiter in die Abteilung und ins Unternehmen einfügt und die geltenden Regeln verinnerlicht. Für etablierte Fachkräfte in den besten Jahren, die es bisher gewohnt waren, eigenverantwortlich zu arbeiten und die ein hohes Maß an Selbständigkeit genießen, mag die Rolle der Führungskraft als Coach dagegen sehr willkommen sein. Für diese Mitarbeiter erhöht sich in einem wertorientierten Arbeitsumfeld die Arbeits- und Lebensqualität vermutlich unmittelbar, so dass Feel Good Management mit seinen positiven Auswirkungen auf diese Gruppe direkt wirkt. Somit hat jede Führungskraft die Verantwortung, in ihrem Alltag einer neuen Führungsrolle gerecht zu werden, indem sie einerseits mehr und mehr zum Coach, zum Motivator und zum Mediator wird und andererseits dabei auf die individuellen Bedürfnisse des Einzelnen im Team eingeht. Obwohl dieser Ansatz sehr erstrebenswert sein mag, sind Führungskräfte damit durch das ganzheitliche Konzept des Feel Good Managements und durch die Einführung von wertorientierten Unternehmensstrukturen in einer ganz anderen Form gefordert, als dies heute in viele Unternehmen der Fall ist. Gerade vor diesem Hintergrund setzt eine erfolgreiche Einführung und Umsetzung des Feel Good Managements im betrieblichen Alltag stark an einem veränderten Verständnis von Führung an, das von allen Führungskräften verinnerlicht und täglich gelebt werden muss.

Auf der Ebene der Mitarbeiter könnte eine wertorientierte Unternehmensstruktur durch eine verbesserte Zusammenarbeit auf gemeinschaftlicher und harmonischer Ebene sichtbar werden, in der es weniger Konkurrenzkampf und Wettbewerbsdruck der Mitarbeiter untereinander gibt (18). Dazu sind einerseits gegenseitige Wertschätzung, Vertrauen und Offenheit unbedingt erforderlich. Andererseits müssen aber auch neue Strukturen der Zusammenarbeit geschaffen werden, um dieses harmonische Miteinander zu ermöglichen. Dazu gehört zum Beispiel die immer neue und themenabhängige Zusammensetzung von Teams und Arbeitsgruppen. So könnten sich je nach Aufgabe und Thema zeitlich begrenzt Projektgruppen bilden, die mit einer gemeinsamen Zielsetzung an Projekten arbeiten. Die Zusammenarbeit im Projektteam greift über die gängigen Phasen des Projektmanagements von der Analyse der Problemstellung über die Entwicklung von neuen Lösungen bis zur Umsetzung im Betrieb und der Betreuung nach der Inbetriebnahme. Sobald ein Projekt erfolgreich eingeführt ist und stabil läuft, löst man die Projektgruppe auf und bildet neue Teams für die nächste Aufgabe. So löst man sich Schritt für Schritt von der alten funktionsbezogenen Ablauforganisation, in der einzelne Funktionen wie Forschung und Entwicklung, Marketing, Vertrieb und Verkauf, Finanzen und Controlling und Personalmanagement nebeneinander bestehen. Die Organisation verändert sich hin zu interdisziplinär besetzten Teams, die für einen vorgegebenen Zeitraum zusammenarbeiten, um sich danach wieder aufzulösen und neu zu finden.

In einem weiteren Schritt eines wertorientierten Arbeitsumfelds könnten Synergien zwischen Abteilungen und Funktionen geschaffen werden, die unmittelbar in das Feel Good Management involviert sind. Dazu gehören zum Beispiel das betriebliche Gesundheitswesen, das Human Resources Management und der Betriebsrat. Wie diese Synergien aussehen und welche Auswirkungen das für die dort beschäftigten Mitarbeiter hat, ist im Einzelfall zu betrachten. Allerdings gibt es Aufgabenstellungen, die sowohl im Gesundheitswesen wie auch im Human Resources Management verankert sein können und verantwortet werden können. Typische Beispiele sind die Entwicklung und Einführung von spezifischen Untersuchungen für einzelne Mitarbeitergruppen oder die Durchführung von Seminaren und Schulungen zu Themen wie »Gesunde Ernährung am Arbeitsplatz«, »Ausgewogene Ernährung im Schichtdienst oder auf Reisen« oder »Rückschule für Bürokräfte«. Um diese Synergien zu schaffen, müssen die Tätigkeiten der involvierten Abteilungen transparent gemacht werden. Sie müssen aufgezeigt und am besten schriftlich dokumentiert werden. Mit dieser Transparenz ist es möglich, doppelte Tätigkeiten zu identifizieren und sie dort anzusiedeln, wo sie aufgrund des vorhandenen Wissens der Mitarbeiter am besten und am schnellsten ausgeführt werden. Sind doppelt ausgeführte Aufgaben identifiziert und zusammengelegt, verringert man bei den betroffenen Mitarbeitern die Arbeitsbelastung oder man schafft neue Kapazitäten und Freiraum, um andere Aufgaben zu übernehmen.

Es gibt also mehrere Ansätze und Wege, um wertorientierte Strukturen in einem Unternehmen einzuführen. Es ist wichtig zu verstehen, dass solche Strukturen nicht aus einer einzigen großen Umorganisation entstehen, wie sie vor allem in Großkonzernen im Abstand von wenigen Jahren durchgeführt werden. Vielmehr geht es darum, kontinuierlich viele kleine Schritte zu gehen. Meistens ist es sinnvoll, zuerst auf der Ebene der einzelnen Abteilungen zu beginnen. Zunächst identifiziert man Synergien und reduziert dadurch im besten Fall die Arbeitslast für einzelne Mitarbeiter. In einem zweiten Schritt bietet sich eine Umstellung der Abteilungsstrukturen an, indem man von der funktionalen Zuordnung zu Abteilungen zu projekt- und themenbezogene Arbeitsgruppen wechselt. Damit einher gehen kann die Veränderung des Leitbildes der Führungskräfte zu einer Coachingfunktion. Allerdings wird diese Umstellung nicht innerhalb kurzer Zeit durchzuführen sein. Es handelt sich hier um einen längerfristigen Prozess, der gerade bei etablierten Unternehmen mehrere Jahre dauern kann.

Neben den strukturellen Voraussetzungen für den wertorientierten Ansatz sind Rahmenbedingungen zu schaffen, die eher unter dem Stichwort »Mindset« zusammenzufassen sind. Geduld und ein gewisser Vertrauensvorschuss sind unbedingt erforderlich, um dem Feel Good Management eine Chance zu geben. Hinzu kommen Messmethoden, um die ersten Erfahrungen nach der Einführung zu messen und um Erfolge zu kontrollieren. Vor allem bei gestandenen Unternehmen ist es unbedingt erforderlich, dieses Mindset über alle Führungskräfte, Mitarbeiter und Auszubildende hinweg immer wieder zu fordern und zu fördern. Das gelingt nur, indem die Geschäftsleitung den Wertewandel konsequent vorlebt und ins Tagesgeschäft implementiert. Ein erfahrener Feel Good Manager, der die Entwicklung, die Einführung und die Weiterentwicklung des Feel Good Managements in seinem Unternehmen kontinuierlich voran treibt, ist dazu fast zwingend erforderlich.

Der größte Benefit einer wertorientierten Unternehmenskultur besteht letztlich aus nachhaltigem Wachstum, aus anhaltenden Profitsteigerungen und aus der Zunahme von Innovationen und Kreativität für das Unternehmen und aus einer höheren Lebenszufriedenheit für den einzelnen Mitarbeiter. Die Anstrengungen, die es von allen Beteiligten fordert, Feel Good Management einzuführen und zu leben, sind nicht zu unterschätzen. Es handelt sich hier um einen ständigen Prozess, der niemals aufhört und der kontinuierlich verfolgt werden will. Auch kleine Anstrengungen führen auf Dauer zum Erfolg, wenn man stetig bei der Sache bleibt.

Diesen Vorteilen stehen die Nachteile gegenüber, wenn man einem effektiven Feel Good Management keine Chance geben will. Ohne wertorientierte Strukturen besteht die Gefahr einer übermäßigen Fluktuation und einer sinkenden Arbeitsleistung. Die Kosten lassen sich in der Regel leichter beziffern als der Benefit, den ein Unternehmen aus Feel Good Management zieht. Dennoch lohnt es sich, wie Unternehmen aller Branchen und Größen immer wieder betonen, die diesen Versuch bereits gestartet haben und bei denen Feel Good Management schon in der Kultur verankert ist.

3.4 Warum funktioniert Feel Good Management nur durch Kommunikation?

In den letzten Kapiteln hast du viel gelernt über die Bedeutung der Unternehmenskultur, über die Entwicklung einer Vision und über die Einführung von wertorientierten Strukturen in Unternehmen. Im nächsten Schritt erfährst du mehr über die Bedeutung der Kommunikation im Rahmen des Feel Good Managements. Kommunikation ist so etwas wie das Geheimnis hinter der erfolgreichen Einführung von Feel Good Management. Doch warum ist das so, und was macht ein Unternehmen richtig, das das Wohl-fühlmanagement in seinen Strukturen verankert hat und mit Erfolg lebt?

Feel Good Management ist für die meisten Führungskräfte und Mitarbeiter ein ganz neuer Ansatz, der bisher noch wenig bekannt ist. Jedes Unbekannte macht Angst, es führt zu Unbehagen und Unsicherheit, denn der Einzelne weiß nicht, wie sich die anstehende Veränderung auf sein Leben auswirkt. Ganz ähnlich verhält es sich, wenn man neue Prozesse, Verfahren oder gar Kulturen in einem Unternehmen einführt! Meist vernimmt die Belegschaft zuerst Gerüchte, wenn sich ein etabliertes Unternehmen eine neue Strategie verordnet. Vielleicht erfährt man davon, dass eine Beratungsgesellschaft mit der Entwicklung einer zukunftsweisenden Vision beauftragt wurde. Sobald sich die ersten Gerüchte verbreiten, dauert es nicht mehr lange, bis die ersten Mitarbeiter unruhig werden. Von den anfänglichen Tatsachenberichten bis zu falschen Informationen und auch Lügen ist es meist nur ein kleiner Schritt. Spätestens zu diesem Zeitpunkt diffundiert im ganzen Betrieb das Schreckgespenst einer neuen Strategie, die unmittelbar zum Verlust von Arbeitsplätzen führen soll oder die mindestens erhebliche Veränderungen im Arbeitsalltag nach sich ziehen soll.

Wer solche Gerüchte vermeiden oder ihre Verbreitung wenigstens steuern will, muss offen kommunizieren – das gilt für die Einführung von Feel Good Management ebenso wie für jede andere Neuerung. Durch eine of-fene Kommunikation entzieht man den Nährboden für Gerüchte. Aber aus welchen Elementen besteht eine offene Kommunikation?

Jede Kommunikation ist nur so gut wie ihr Inhalt und der Kanal. Kommu-nikation muss beim Empfänger ankommen. Das heißt, sie muss verständlich sein, und der Empfänger muss Zugang dazu haben. Eine verständliche Kom-munikation ist auf die Zielgruppe ausgerichtet. Die Inhalte müssen für die Empfänger wichtig sein, und sie müssen zielgruppengerecht formuliert und aufbereitet sein. Eine Präsentation für das Topmanagement muss demnach anderen Kriterien genügen als eine Information für die Mitarbeiter. Außer-dem ist zwischen der internen und der externen Kommunikation zu unter-scheiden. Im besten Fall beschäftigt ein Unternehmen mindestens einen

Fachmann, der auf die interne und externe Kommunikation spezialisiert ist. Er muss wissen, welche Zielgruppen er ansprechen soll und welche Inhalte für diese Zielgruppen wichtig sind. Er muss ein Gefühl dafür entwickeln, welche Ausdrucksweise er verwenden muss. Er sollte unbedingt beachten, über welche Kanäle die Adressaten bevorzugt kommunizieren. Auch der Zeitpunkt der Kommunikation ist ausschlaggebend. Je früher man erste Informationen verteilt, desto eher entzieht man Gerüchten den Nährboden. Gleichzeitig schafft man Raum für Spekulationen, wenn man zunächst nur vage Informationen verbreitet, weil konkrete Inhalte noch nicht feststehen. Es gilt also, den richtigen Zeitpunkt für eine Erstinformation sorgfältig auszuwählen. Man kann bei der internen und der externen Kommunikation somit eine ganze Menge verkehrt machen. Doch wie könnte die optimale Kommunikation bei der Einführung von Feel Good Management nach innen und nach außen aussehen, damit alle Beteiligten frühzeitig eingebunden sind und damit man die so wichtige Verbundenheit mit der neu entwickelten Vision herstellt?

An die internen Mitarbeiter aller Ebenen kann eine erste Information schon sehr frühzeitig erfolgen. Im Idealfall macht sich ein Experte für Kommunikation zuerst Gedanken, welche Zielgruppen er ansprechen muss. In einem Großunternehmen sind das vermutlich die Führungskräfte aller Ebenen, die Mitarbeiter und die Auszubildenden. In einem kleineren Betrieb mag die Hierarchie und die Anzahl der Mitarbeiter geringer sein. Sind die verschiedenen Zielgruppen identifiziert, geht es im nächsten Schritt darum, die Inhalte festzulegen. Für die Führungskräfte sind andere Schwerpunkte wichtig als für die Mitarbeiter. Orientieren kann man sich zum Beispiel an den W-Fragen nach dem »Wer?«, »Wo?«, »Wann?« und »Wie?«. Damit kreist man die relevanten Inhalte für alle Zielgruppen recht gut ein, um am Ende vor allem die wichtigste Frage der Betroffenen in wenigen Sätzen zu beantworten: »Was bedeutet das für mich?«. Für die Führungskräfte sind zum Beispiel Antworten ausschlaggebend, wie sich ihre Führungsaufgabe durch das Feel Good Management in Zukunft verändert, welche Ebenen der Führungskräfte direkte Aufgaben im Rahmen des Feel Good Managements zu übernehmen haben, zu welchem Zeitpunkt sie aktiv werden müssen, und wie sie Feel Good Management anwenden müssen. Typische Antworten sind nach dem reinen Konzept des Feel Good Managements, dass jede Führungskraft unabhängig von der Ebene in der Hierarchie in das Wohlfühlmanagement involviert ist und die Grundsätze verstehen und leben muss. Dazu gehört ein vertrauensvoller Führungsstil, der auf die individuellen Bedürfnisse des Mitarbeiters zugeschnitten ist. Er könnte durch ein regelmäßiges Feedbackgespräch mit jedem Mitarbeiter umgesetzt werden, in dem seine Belange im Vordergrund stehen. Relevant ist für die Führungskräfte natürlich auch, ab wann das neue Konzept gilt und ob sie eine spezielle Einweisung in das Thema bekommen. Wesentlich dürfte außerdem sein, was im Rahmen der Erstkommunikation an die Mitarbeiter gegeben wird, damit eine Führungskraft nicht mit unerwarteten Fragen konfrontiert wird, auf die sie keine Antwort hat. Sind die Inhalte für die Führungskräfte konzipiert, sind die Informationswege festzulegen. Abhängig von den internen Medien kann zum Beispiel über ein Firmenintranet kommuniziert werden, das passwortgeschützt nur den Führungskräften zugänglich ist. Auch eine Informationsmail an die Führungskräfte kommt in Frage, ebenso eine Broschüre mit den wesentlichen Angaben.

Eine ähnliche interne Information ist für die Belegschaft zu entwickeln. Auch hier geht es darum aufzuzeigen, was Feel Good Management für jeden Einzelnen bedeutet, wobei man sich wieder an den W-Fragen orientiert. Ein Mitarbeiter möchte vermutlich wissen, ob sich seine Aufgaben durch Feel Good Management ändern und ob es Auswirkungen auf die Ausführung seiner Tätigkeiten gibt. Vielleicht will er wissen, welche Möglichkeiten sich ergeben, um zukünftig noch besser auf die Gesundheit zu achten. Unter Umständen interessiert ihn, wie er Arbeit und Freizeit besser in Einklang bringt. Für viele Mitarbeiter wird es wichtig sein zu erfahren, ob es neue Strukturen gibt, ob sich an der Zusammensetzung des Teams etwas ändert und ob man einen neuen Vorgesetzten bekommt. Die Frage nach der Einsparung von Arbeitsplätzen und möglichen Kündigungen kann ebenfalls von Bedeutung sein. Ältere Arbeitnehmer wollen möglicherweise wissen, ob sie Chancen haben, früher in Ruhestand zu gehen oder ob es durch das neue Konzept Angebote des Arbeitgebers für Altersteilzeit gibt. Je umfassender solche Fragen schon frühzeitig beantwortet werden, desto eher gelingt es, die Mitarbeiter in die spannende Vision des Feel Good Managements einzuführen und die

Akzeptanz zu verbessern. Im Rahmen der Konzeption der Kommunikations-maßnahme ist noch zu berücksichtigen, wie man die Belegschaft am besten erreicht. Eine Information im Firmenintranet ist ein Weg, eine E-Mail an die Mitarbeiter eine andere Variante. In Großunternehmen mögen separate Informationsveranstaltungen interessant sein, die jeder Mitarbeiter innerhalb der Arbeitszeit besuchen kann und in der man offene Fragen stellen kann. Solche Veranstaltungen können zum Beispiel in Form von Informationsständen durchgeführt werden, an denen die Verantwortlichen an bestimmten Tagen vertreten sind und für Fragen zur Verfügung stehen.

Was für die interne Kommunikation gilt, greift auch für die Kommunikation nach draußen. Ein Unternehmen, das sich konsequent auf Feel Good Management einschwören will, kann seine externen Kunden schon sehr früh darüber informieren. Wichtig sind auch hier die Inhalte und die Kanäle. Inhaltlich dürfte für einen Kunden vor allem wichtig sein, ob sich für ihn im Bereich des Kundenservice und der Produktqualität etwas ändert. Wenn ein Betrieb zum Beispiel plötzlich alle Mitarbeitern eine Vier-Tage-Woche einräumt und am Freitag nicht mehr erreichbar ist, kann sich das direkt auf den Kundenservice auswirken. Wer solche Veränderungen mit direkten Auswirkungen nach außen plant, muss seinen Kunden transparent machen, dass sich für ihn keine Verschlechterungen ergeben. Sonst besteht schnell die Gefahr, dass bisher zufriedene Kunden zur Konkurrenz abwandern. Eine solche Information für den Kunden birgt allerdings durchaus auch Potenzial. Wenn man es geschickt darstellt, präsentiert man sich durch die Einführung von Feel Good Management als ein offenes und innovatives Unternehmen, das die Trends der Zeit erkennt und das durch neue Ideen darauf reagiert. Man zeigt sich als offen und serviceorientiert und verbessert das Image in der Öffentlichkeit. Welche Kanäle für die Kommunikation an externe Kunden gewählt werden, kommt sehr auf die bereits bestehenden Wege an. Mögliche Alternativen sind eine Informationsmail oder ein Newsletter. Wer seine Kunden regelmäßig mit Waren beliefert, wählt vielleicht einen Flyer oder eine Broschüre zum Einstieg und legt sie der nächsten Lieferung bei. Große Bedeutung hat natürlich das Social Media Management, denn in den sozialen Netzwerken kann man solche Inhalte sehr werbewirksam präsentieren. Allerdings sollte man dazu Experten beauftragen, die sich mit dem Onlinemarketing und der Repräsentanz in den Social Media auskennen. Hier sind zum Beispiel bestimmte Schlüsselworte von Bedeutung, die man in der Kommunikation einsetzen sollte, um eine bessere Auffindbarkeit von Beiträgen in den gängigen Suchmaschinen zu ermöglichen. Wer eine eigene Webseite hat, kann sie um eine Rubrik zum Feel Good Management erweitern und darlegen, wie, wann und in welchen Schritte die Einführung des neuen Konzepts geplant ist. Ein interaktiver Austausch in einem Chat ist für innovative Unternehmen ebenso denkbar wie ein kleiner Werbefilm, den sich der Kunde ansehen kann. Die Verankerung der Bemühungen zu Feel Good Management in den Onlinemedien ist auch hervorragend geeignet, um sich attraktiv für zukünftige Mitarbeiter zu präsentieren. Wer hier geschickt kommuniziert, optimiert das Image des Unternehmens nicht nur aus der Sicht der Kunden, sondern auch im Licht der breiten Öffentlichkeit.

In der internen und der externen Kommunikation liegt somit ein erhebliches Potenzial, eine Vision mit allen Beteiligten und Betroffenen zu teilen und sie auf diesem Weg mitzunehmen. So erhöht man die Akzeptanz und schafft Transparenz, die unabdingbar ist, wenn man etwas Neues und Wegweisendes erfolgreich einführen will. Nur wenn intern und extern das Feel Good Management mitgetragen und unterstützt wird, ist dieses Konzept auf Dauer von Erfolg gekrönt, denn Feel Good Management lebt von der Umsetzung in der Praxis. Indem man frühzeitig kommuniziert und die Vorzüge aufzeigt, die interne wie externe Betroffene davon haben, schafft ein Unternehmen eine solide Basis für die Einführung und für die dauerhafte Verankerung. Eine zielgerichtete, effektive und offene Kommunikation ist also ein elementares Schlüsselelement und ein wichtiger Erfolgsfaktor für jedes Unternehmen, das dieses Konzept einführen will.

Ist das spannende und vielfältige Feld der Kommunikation nach innen und nach außen bearbeitet und ist man hier auf einem guten Weg, ist ein weiterer Baustein eines gelungenen Feel Good Managements zu entwickeln. Ein effektives Konfliktmanagement ist ein fester Bestandteil einer Wohlfühlkultur, und es birgt für Unternehmen und für Mitarbeiter enorme Chancen, durch die Auseinandersetzung mit unterschiedlichen Meinungen und Auffassungen voneinander zu lernen und sich ständig weiterzuentwickeln.

4. Wie man mit Konflikten effektiv umgeht

Konflikte gehören zum Arbeitsleben dazu – so war zumindest meine Erfahrung als Unternehmer. Manchmal konnte man sich nicht mit einem Lieferanten bezüglich des Liefertermins einigen, manchmal war ein Kunde mit der Qualität eines Produkts unzufrieden. Unter Umständen gab es auch Auseinandersetzungen der Mitarbeiter untereinander. Wenn ich feststellte, dass es in meiner Firma Konflikte gab, pflegte ich meine Abteilungsleiter damit zu beauftragen, eine Entscheidung zu treffen. War das nicht möglich, entschied ich selbst. Dabei hatte ich natürlich immer das Interesse meines Unternehmens im Auge. Sofern das zum Nachteil eines Mitarbeiters war, musste er sich danach richten – schließlich profitierte er im Gegenzug von einem sicheren Arbeitsplatz und einem ungekündigten Arbeitsverhältnis. Also würde er schon damit zufrieden sein, wenn der eine oder andere Konflikt nicht nach seinem Wunsch entschieden wurde. Ganz ähnlich hielt ich es bei Streitigkeiten mit einem Lieferanten oder mit einem Kunden. Manchmal wurde eine Entscheidung nach ihren Wünschen getroffen, meistens konnte ich mich aber ganz gut durchsetzen, so dass meine Interessen gewahrt blieben.

Erst im Zuge meiner Beschäftigung mit Feel Good Management kam ich in Kontakt mit dem Instrument der Mediation und mit der Moderation. Bisher hatte ich keine Veranlassung gehabt, mich mit diesen konstruktiven Methoden zu beschäftigen, so glaubte ich. Aber das Feel Good Management mit seinen verschiedensten Ansätzen verschaffte mir Zugang zu diesen Techniken, die mir bisher völlig unbekannt waren. Ich begann also, mich damit auseinanderzusetzen. Ich recherchierte, wie Mediation und Moderation funktionieren und was es mit dem Coaching auf sich hat. Ich las nach, wo die Vorteile für alle Beteiligten lagen und wie man sie richtig in Theorie und Praxis anwandte. Ich nahm sogar an der einen oder anderen Weiterbildung teil, die mir die Kompetenzen des Konfliktmanagements vermittelte. Ich lernte, welche Moderationstechniken es gibt und wann es sinnvoll ist, einen Mediator mit der Lösung eines Konflikts zu beauftragen. Vor allem aber begriff ich in dieser Phase: Ein Konflikt ist nur dann gut gelöst, wenn alle Beteiligten den Eindruck hatten, Gewinner zu sein. Es musste also eine konstruktive Lösung gefunden werden, die alle Seiten mit einem positiven Gefühl aus dem Konflikt gehen ließ.

Schon kurze Zeit nach dem Einstieg in das vielversprechende Thema konnte ich die gerade erlernten Techniken in der Praxis anwenden, denn die ersten Konflikte ließen in meinem kleinen Start-up nicht lange auf sich warten. Ich probierte mich aus und nutzte die Fähigkeit der Moderation, als es um die Fragestellung ging, wie man eine Vier-Tage-Woche in unserem Start-up einführen konnte, so dass alle Mitarbeiter einen zusätzlichen freien Tag bei gleicher Bezahlung haben konnten. Das Ziel war klar, denn es ging darum, die Work-Life-Balance zu verbessern und einen besseren Ausgleich zu der sehr anstrengenden Zeit nach der Firmengründung zu schaffen. Doch es war auch offensichtlich, dass die optimale Verteilung der Arbeitszeit auf vier Tage und die Aufteilung auf die einzelnen Mitarbeiter an der einen oder anderen Stelle für Konflikte sorgen mussten. Wir entwickelten also gemeinsam unsere Lösungen und probierten sie aus. Schon nach den ersten zwei Wochen war klar, wo wir noch etwas nachjustieren mussten und wo wir schon auf einem guten Weg waren. Nach drei Monaten konnten wir alle voller Zufriedenheit sagen: Wir hatten die ersten Konflikte als Team gemeistert und hatten unsere Vier-Tage-Woche für alle erfolgreich eingeführt, ohne dass unsere Kunden unzufrieden waren. Ein besonderes Highlight war natürlich das Feedback aus meinem Team, denn jeder hatte das Gefühl, dass wir zu allen Konflikten konstruktive Lösungen gefunden hatten und dass alle im Interesse von Kunden, Unternehmen und Mitarbeitern gelöst werden konnte. Ganz nebenbei hatte ich meine Fähigkeiten in Sachen Konfliktmanagement in der Praxis eingeübt und ausgebaut. Jetzt gehören Seminare in Konfliktmanagement und in Moderationstechniken übrigens zur Grundausbildung, die jeder Einsteiger in meinem Start-up durchlaufen muss. Das Ergebnis kann sich sehen lassen, denn erste Umfragen zeigen uns schon nach einigen Monaten, dass die Zufriedenheit im Team auf einem enorm hohen Niveau ist. Wer Feel Good Management leben will, kommt um die Kunst des Konfliktmanagements, um Moderation und Mediation nicht herum, doch gerade hier liegt Potenzial für alle Beteiligten und für ein effektives Wohlfühlmanagement, das man nicht ungenutzt lassen sollte!

Warum es bei Feel Good Management so wichtig ist, die eigenen Verhaltensmuster zu reflektieren und zu optimieren und wie Mediation, Moderation
und Coaching dazu beträgt, alle Beteiligten eines Konflikts zu Gewinnern
zu machen, erfährst du in den nächsten Absätzen.

4.1 Warum beeinflusst Feel Good Management unsere Verhaltensmuster?

Einer der wichtigsten Trends, die unsere Arbeitswelt von heute beeinflussen, ist der Wertewandel, der unser Berufs- und Privatleben zunehmend
bestimmt (19). In Politik und Gesellschaft werden Gleichberechtigung,
Partizipation, Selbstbestimmung und Individualisierung immer wichtiger.
Durch die Verbreitung des Internets haben wir heute innerhalb von Sekun-
den Zugang zu Informationen, die noch vor wenigen Jahren nicht verfügbar
waren oder die nur mit großem Zeitverzug umständlich beschafft werden
konnten. Mehr und mehr erlangen wir Transparenz über Informationen
aus den Medien, die wir früher nicht erhalten konnten. So verändert sich
unser Weltbild, und wir wollen selbst bestimmen, wir wollen teilnehmen
und unsere eigenen Entscheidungen treffen. Dabei ist es uns wichtig, für uns
selbst und nach unseren eigenen Bedürfnissen zu entscheiden. Wir wollen
nicht sein wie alle anderen, und was für alle anderen gut ist, muss nicht
auch zu unserem Wohl sein. Dieser Hang zur Selbstbestimmung und zur
Individualisierung war in früheren Generationen noch nicht so ausgeprägt.
Dort schien es häufig wichtiger zu sein, Teil einer Gesellschaft zu sein, sich
anzupassen und nicht aus dem Rahmen zu fallen. Beeinflusst sein mochte
diese Tendenz durch geschichtliche Entwicklungen, denn in früheren Generationen war es wenig opportun, anders zu sein als andere. Wer aus dem
Rahmen fiel, wer auffiel und sich vom üblichen Mainstream abhob, galt
als fremd, als unberechenbar, vielleicht sogar als gefährlich. Heute ist das
anders, und vielleicht ist unsere Erfahrung mit der Vergangenheit auch ein
wenig ausschlaggebend dafür, dass wir heute unsere Selbstbestimmung,
unsere Gleichberechtigung und unsere Individualisierung fordern, wobei
diese Forderung unabhängig vom Geschlecht und vom Alter gilt. Vermutlich werden diese Forderungen in den nächsten Generationen noch lauter

werden, und sie dürften enorme Auswirkungen haben auf den Stellenwert von Beruf und Arbeit. Damit einher gehen auch veränderte Ansprüche an die Arbeit und an den Arbeitsplatz.

Kennzeichnend für die junge Generation der Arbeitskräfte ist vor allem, dass Geld und Besitz in materieller Form mehr und mehr in den Hintergrund zu rücken scheinen. Wichtiger als ein hoher Verdienst sind im Berufsleben Aspekte wie Freiheit, wie Glück und Individualität. Damit verliert der Beruf immer mehr seine Bedeutung als ausschlaggebender Bestandteil für die Sicherung unseres Lebens. Junge Menschen wollen heute im Arbeitsleben selbstbestimmt agieren, sie wollen ihre Arbeit sinnvoll gestalten, sie möchten ihre Persönlichkeit entfalten und Entscheidungen selbst treffen. Um sich am Arbeitsplatz wohlzufühlen, sind Wertschätzung, Anerkennung und Mitbestimmung ausschlaggebende Faktoren. Das macht einen neuen Führungsstil erforderlich, wie er heute in vielen Unternehmen noch nicht verankert ist. Eine vertrauensvolle Zusammenarbeit und Kommunikation gerät so in den Vordergrund und gewinnt an Gewicht, wie es vor wenigen Jahren noch nicht denkbar war. Damit verbunden ist unmittelbar ein hohes Maß an Offenheit und an Bereitschaft, sich als Führungskraft und als Mitarbeiter immer wieder zu hinterfragen und zu wandeln. Das Stichwort lautet »Selbstreflexion«, sie ist unbedingt erforderlich, wenn man in dieser neuen Arbeitswelt bestehen will und wenn man sich in einem Unternehmen wohlfühlen will, das das Feel Good Management in seiner Unternehmenskultur verankert hat.

Wer nicht bereit ist, sich auf diese Verhaltensmuster einzulassen und sie aktiv im Arbeitsalltag zu praktizieren, wird das Potenzial, das die neue Wohlfühlkultur bietet, kaum nutzen können. In letzter Konsequenz stellt sich sogar die Frage, wie ein Unternehmen, das Feel Good Management in seiner Kultur verankern will, mit Mitarbeitern umgeht, die sich dem neuen Trend verschließen und die nicht bereit sind, kontinuierlich über das eigene Verhalten zu reflektieren und sich selbst zu hinterfragen und zu verändern. Ambitionierte Mitarbeiter können die Chance des Feel Good Managements also sehr gut nutzen, indem sie sich selbst hinterfragen, indem sie reflektieren und indem sie sich immer weiterentwickeln. Das Feel Good Management bietet mit seinen Facetten dazu alle Möglichkeiten und Chancen, es fordert die Bereitschaft von Mitarbeitern und Führungskräften dazu sogar ein. Wer dazu aber nicht bereit ist, mag das Potenzial ungenutzt lassen, das sich für die eigene Weiterentwicklung bietet und mag damit am Ende sogar zur latenten Gefahr für die Wettbewerbsfähigkeit des ganzen Unternehmens werden.

4.2 Wie trägt Mediation dazu bei, Konflikte konstruktiv zu lösen?

Konflikte sind Teil des Berufslebens, ein konstruktives Arbeitsumfeld ohne Konflikte ist nicht denkbar. Im Arbeitsleben treffen Menschen unterschiedlicher Hierarchiestufen und mit verschiedensten Funktionen aufeinander. Hinzu kommen die verschiedensten Persönlichkeiten und die Charaktereigenschaften, die das einzelne Individuum ausmachen. Feel Good Management ermuntert den Einzelnen dazu, individuell zu sein und seine Persönlichkeit zum Wohl des Unternehmens einzubringen und auszuleben. Da diese Maxime aber für jeden Menschen in der Organisation und über alle Hierarchiestufen hinweg gilt, sind Konflikte vorprogrammiert. Sie entstehen schlicht dadurch, dass Persönlichkeiten und Charaktere aufeinander treffen, die unterschiedlicher nicht sein könnten.

Jedes einzelne Individuum hat außerdem eine Aufgabe und eine Rolle zu erfüllen. Treffen ein Mitarbeiter aus Verkauf und Vertrieb auf einen Mitarbeiter aus Forschung und Entwicklung, sind Zielkonflikte vorprogrammiert. Während ein Vertreter aus der Forschung ein Produkt erst dann auf den Markt bringen will, wenn es eine gewisse Reife und einen bestimmten Entwicklungsstand hat, in dem Kinderkrankheiten auskuriert sind und mit dem der Kunde zufrieden sein kann, will ein Vertreter aus dem Verkauf und dem Vertrieb sofort mit Innovationen punkten und diese umgehend an den Kunden bringen. So treffen also nicht nur Mitarbeiter mit unterschiedlichsten Charaktereigenschaften aufeinander, sondern sie haben auch noch zwei Funktionen auszuüben, die ein gewisses Konfliktpotenzial bergen und deren Interessen sich nicht zwingend miteinander in Einklang bringen lassen.

Ganz ähnlich verhält es sich zum Beispiel, wenn ein Mitarbeiter auf eine Führungskraft trifft. Wenn ein ambitionierter und selbständiger Sachbearbeiter plötzlich mit einem Teamleiter arbeiten muss, der jung und unerfahren ist und der deshalb zu stark kontrolliert und führt, sind Konflikte in der Zusammenarbeit vorprogrammiert. Das gilt umso mehr, wenn beide sehr starke Charaktere sind, die sich im Arbeitsleben behaupten wollen und bei denen ein gewisses Kompetenzgerangel kaum auszuschließen ist.

Solche Konflikte sind also im Arbeitsalltag völlig normal, und sie betreffen nicht nur die Mitarbeiter und die Führungskräfte einer Ebene, sondern sie gelten übergreifend über alle Hierarchieebenen. Auch im Außenverhältnis mit Lieferanten und Kunden sind Konflikte unvermeidbar. Deshalb sind effektive Konfliktlösungstechniken unabdingbar, denn aus einem ungelösten Konflikt gehen letztlich alle Beteiligten als Verlierer hervor. Gelingt es aber, eine für alle tragfähige Lösung zu finden, hat eine effektive Konfliktlösung das Potenzial, alle Beteiligten zum Gewinner zu machen, um so Zeit, Kraft, Nerven und Geld zu sparen.

Eine interessante Technik zur Konfliktlösung ist die Mediation. Der Bundesverband Mediation definiert Mediation als ein Verfahren für die außergerichtliche und konstruktive Bearbeitung von bestehenden Konflikten (20). Mediation wird vom Fachverband beschrieben als eine vertrauliche, strukturierte, freiwillige und ergebnisoffene Technik zur Lösung von Konflikten. Die betroffenen Parteien sind dabei eigenverantwortlich tätig, sie sind unbedingt an einer konstruktiven Bearbeitung des Konflikts interessiert, und sie erarbeiten ihre eigenen Lösungen, die für alle tragbar sind. Dazu werden sie von externen Mediatoren unterstützt. Ein Mediator ist allparteilich, er ist unabhängig, er ist qualifiziert und er arbeitet professionell. Die juristische Grundlage für eine Mediation ist das Mediationsgesetz, dort sind die wesentlichen Eckpfeiler für das Berufsbild definiert.

Die Technik der Mediation ist nicht in jedem Fall zwingend erforderlich, um einen Konflikt zu lösen. Gerade bei innerbetrieblichen Auseinandersetzungen kommt man mit guten Moderations- und Coachingkompetenzen, wie sie im nächsten Kapitel vorgestellt werden, häufig schon weiter. Doch manchmal sind Konflikte von einer Bedeutung, die eine Bearbeitung mit Moderations- und Coachingtechniken nicht möglich oder nicht erfolgversprechend erscheinen lassen. Das kann vor allem bei Konflikten sein, bei denen eine Problemlösung stark auf Kosten einer Partei geht oder bei denen die Fronten aufgrund früherer Ereignisse oder einer vergeblichen Konfliktlösung schon sehr verhärtet sind. Ein externer Mediator ist dann eine gute Wahl, denn er trägt wesentlich dazu bei, dass sich die Parteien auf neutralem Boden begegnen und eine konstruktive Lösung unter Anleitung eines Experten erarbeiten. Ein wichtiges Element der Mediation ist, dass die erarbeitete Lösung für alle Parteien tragfähig ist. Es darf also nicht sein, dass sich eine Partei stark benachteiligt fühlt. Vielmehr ist es ausschlaggebend, dass alle Beteiligten gut mit der Lösung leben können und dass diese auch langfristig greift und umsetzbar ist.

Mediation als Instrument der Konfliktbewältigung ist deshalb ein essenzielles Instrument des Feel Good Managements, denn sie soll dazu führen, dass sich alle Beteiligten mit der Lösung gut fühlen und dass sich keiner übervorteilt fühlt. In Situationen mit einem enormen Konfliktpotenzial im Innen- und im Außenverhältnis sollten die Beteiligten sich nicht scheuen, dieses vielversprechende und konstruktive Instrument zu nutzen und sich externe Unterstützung zur Konfliktbeilegung zu holen. Das Resultat ist für alle erfolgversprechend und die Mühe in aller Regel wert. Wichtig ist in diesem Fall auch zu wissen, dass die Mediation außergerichtlich läuft. Das heißt, wenn ein Konflikt bereits so verfahren ist, dass eine Beilegung ohne juristische Unterstützung nicht möglich zu sein scheint, kann eine Mediation immer noch Abhilfe schaffen. Deshalb ist sie nicht nur ein sehr effektives Instrument, sondern auch eine preiswerte Angelegenheit, denn sie ist deutlich schneller und kostengünstiger durchzuführen als die gerichtliche Beilegung eines Streits.

4.3 Warum sind Moderations- und Coachingkompetenzen unerlässlich?

Moderationstechniken und Coachingkompetenzen sind weitere Fähigkeiten, die im gelebten Feel Good Management nicht fehlen dürfen. Beide sind dazu geeignet, Konflikte beizulegen und tragfähige Lösungen zu erarbeiten, mit denen alle Beteiligten gut leben können.

Unter einer Moderation versteht man ein Instrument, das die Kommunikation in einem Team unterstützt und strukturiert (21). Dadurch sollen die Ressourcen aller Teilnehmer optimal eingesetzt werden. Sie ist eine Arbeits- oder Darstellungstechnik, die von einem Moderator in Arbeitsgruppen, in einer Konferenz oder in einer ähnlichen Situation verwendet wird, in der Lösungen zu erarbeiten sind. Durch bestimmte Methodiken trägt der Moderator dazu bei, Probleme zu lösen und Konflikte zu beseitigen. Dabei nimmt der Moderator inhaltlich nicht Stellung, er ist unparteiisch. Typische Methoden der Moderation dienen dazu, Vorschläge, Ideen und Meinungen aller Teilnehmer zu sammeln und zu beurteilen. Beispielsweise kann man dazu eine von den Teilnehmern erarbeitete Liste von Möglichkeiten durch Klebepunkte nach bestimmten Kriterien bewerten.

Letztlich dient die Moderation dazu, Diskussionen zu führen und zu steuern, ohne Einfluss auf die Meinungen zu nehmen. Der Moderator muss sich also unbedingt zurückhalten und sollte seine eigene Meinung nicht einbringen. Durch Moderationstechniken lassen sich Lösungen kreativ und produktiv erarbeiten und strukturieren, wobei alle Beteiligten interagieren und ihre Meinung äußern. Auch zurückhaltende Gruppenmitglieder können sich leichter einbringen, indem sie gezielt und direkt nach ihrer Meinung gefragt werden und diese durch Bewertungen mitteilen. Eine Moderation ist vor allem hilfreich, wenn Interessenskonflikte zu lösen sind oder wenn das Verhältnis in der Gruppe durch eine gewisse Hierarchie geprägt ist. Ein guter Moderator steuert das Gespräch, die Beziehungen zwischen den Teilnehmern und die Inhalte, so dass alle zu Wort kommen und dass ein sachlicher Austausch ohne Vorwürfe möglich ist.

Feel Good Management basiert wesentlich darauf, Konflikte im Arbeitsleben zu erkennen und zielgerichtete Lösungen zu erarbeiten. Indem man Moderationstechniken einsetzt, führt man Gruppen zusammen, die aufgrund von unterschiedlichen Interessen nicht zu tragfähigen Lösungen kommen könnten. So ist es möglich, Konflikte aufzudecken und zu bearbeiten, ohne dass eine Seite sich benachteiligt fühlt. Das Ergebnis ist eine Lösung, die von allen Beteiligten mitgetragen wird und mit der alle Teilnehmer einverstanden sind.

Auch das Coaching ist eine Methode zur Problemlösung. Der Deutsche Bundesverband für Coaching bezeichnet Coaching als eine Form der professionellen Beratung (22). Sie dient der Unterstützung und der Begleitung von einzelnen Personen, aber auch von Gruppen und Teams, wobei es keine Rolle spielt, ob die Teilnehmer eine Steuerungs- und Führungsposition bekleiden oder ob es sich um Experten und Sachbearbeiter handelt. Coaching zielt darauf ab, einen individuellen oder einen kollektiven Lernprozess zu anzustoßen und zu entwickeln. Dabei stehen vorrangig berufliche Fragestellungen im Vordergrund. Coaching ist eine lösungs- und ergebnisorientierte Form der Beratung. Sie ist auf die individuellen Bedürfnisse zugeschnitten und soll dadurch eine Optimierung der beruflichen Situation bringen. Im Vordergrund steht die verbesserte Nutzung der Potenziale, die eine Arbeitskraft mitbringt, so dass eine zukunftsweisende Entwicklung des Einzelnen und damit der gesamten Organisation unterstützt wird. Inhaltlich fungiert Coaching als eine Mischung der individuellen Unterstützung, um verschiedenste Herausforderungen zu bewältigen und der Beratung. Der Teilnehmer wird ermuntert, seine eigenen Lösungen zu finden und umzusetzen. Der Coach unterstützt dabei, die Ursache von Problemen zu identifizieren und Prozesse zu erarbeiten, die zur Beseitigung beitragen. Der Teilnehmer soll dadurch befähigt werden, bestehende Herausforderungen eigenständig anzunehmen, sein Verhalten weiterzuentwickeln und Ergebnisse zu erzielen, die eine effektive Verbesserung seiner Situation nach sich ziehen. Beim Coaching wird die Fähigkeit der Selbstreflexion und der Selbstwahrnehmung bestmöglich gefördert. Der Teilnehmer wird dadurch befähigt, seine Möglichkeiten, seine Wahrnehmung und sein Verhalten selbständig zu verbessern und zu erweitern.

Während Moderationstechniken also eher dazu geeignet sind, Gruppenprozesse in Gang zu bringen, Konflikte zwischen Gruppen zu identifizieren und Lösungen zur Beseitigung zu erarbeiten, dient ein Coaching eher dazu, den einzelnen Mitarbeiter zu entwickeln. Da ein Feel Good Management darauf ausgerichtet ist, allen Mitarbeitern und Führungskräften Wege einzuräumen, wie sie sich in einem Betrieb wohlfühlen, wie sie vertrauensvoll zusammenarbeiten und wie sie ihre Potenziale voll ausschöpfen, sind sowohl Moderationstechniken als auch das Coaching gezielt einsetzbar. Natürlich führt nicht jede Auseinandersetzung zwangsläufig dazu, einen Moderator einzuschalten oder ein Coaching in Anspruch zu nehmen. Wenn aber eine Gruppe oder ein Team nicht mehr in der Lage ist, Probleme selbständig zu lösen oder nicht mehr neutral miteinander agieren kann, sind diese Methoden gut geeignet. Ein guter Moderator ist dazu befähigt, Konflikte und ihre Ursachen einzugrenzen und aufzudecken und Lösungen zur Beseitigung mit der ganzen Gruppe zu erarbeiten. Das Coaching ist eher dazu gedacht, dem Einzelnen in problematischen Fragestellungen zu helfen und ihn zur Erarbeitung von Lösungen anzuregen. Somit bestehen beide Formen der Konfliktlösung nebeneinander. Sie ergänzen sich und machen in der Kombination ein breites Spektrum an Methodiken aus, die gelebtes Feel Good Management im beruflichen Alltag gezielt unterstützen.

4.4   Wie positioniert man den Feel Good Manager richtig?

Feel Good Management funktioniert nur, wenn es von der Unternehmensleitung unterstützt wird und wenn es die Mitarbeiter über alle Hierarchieebenen hinweg annehmen und nutzen (23). Die Aufgaben des Feel Good Managers sind äußerst vielfältig, denn sie erstrecken sich unter anderem von der Betreuung neuer Mitarbeiter und der Hilfe bei ihrem Einstieg – dem sogenannten Onboarding – über die Organisation von Workshops, um Lösungen zu für gesundheitsbewusste Arbeitsabläufe zu erarbeiten bis zum Versand von Newslettern zur Kommunikation von Weiterbildungsmaßnahmen, von Sport- und Wellnesskursen und Freizeitveranstaltungen, bei denen man sich zwanglos austauschen kann. Ob eine Veranstaltung oder ein Seminar von den Mitarbeitern genutzt wird, hängt ganz maßgeblich davon ab, dass es auf ihre Bedürfnisse zugeschnitten ist. Es bringt letztlich keinen Mehrwert, wenn sich der Feel Good Manager ein Event überlegt, das von der Belegschaft nicht genutzt wird, weil es an dem individuellen Bedarf vorbei geht. Auf der einen Seite sieht sich der Feel Good Management also der Anforderung der Geschäftsleitung gegenüber, eine Wohlfühlkultur im Unternehmen einzuführen und kontinuierlich zu verbessern. Auf der anderen Seite muss er bei der Belegschaft bekannt sein, er muss akzeptiert sein, er muss erfahren in der Entwicklung von Problemlösungen und in der anschließenden Umsetzung sein, und er sollte im Idealfall natürlich mit gutem Beispiel voran gehen und sich selbst in seinem Unternehmen sehr wohlfühlen und in seiner Arbeit aufgehen. Damit sich dieser hohe Anspruch in der Praxis umsetzen lässt, ist die richtige Positionierung des Feel Good Managers von größter Bedeutung. Die Geschäftsleitung kann dazu eine Menge tun.

Unabhängig davon, ob man ein ganzes Team von Feel Good Managern beschäftigt oder ob eine Person lediglich in Teilzeit für das Feel Good Management zuständig ist, gilt für die erfolgreiche Umsetzung von Feel Good Management eine Maxime: Die Funktion sollte als Stabsaufgabe möglichst weit oben in der Unternehmenshierarchie bei der Geschäftsleitung eingebunden sein (24). So stellt man sicher, dass dieser Aufgabe die nötige Aufmerksamkeit der Geschäftsleitung und der Belegschaft zukommt. Eine Stabsstelle hat keine Weisungsbefugnis gegenüber anderen Bereichen und Abteilungen. Das heißt, der Feel Good Verantwortliche kann allenfalls informieren, beraten, vorschlagen, entwickeln und umsetzen. Er hat aber keinerlei Befugnis, einen Mitarbeiter oder einen Abteilungs- oder Teamleiter zur Durchführung einer bestimmten Aufgabe anzuweisen. Somit ist es immer einem Mitarbeiter oder einem Leiter selbst überlassen, ob er sich an einem Lösungsvorschlag des Feel Good Managers orientieren will oder nicht. Feel Good Management basiert unabhängig von der Sinnhaftigkeit vollständig darauf, dass man eine Maßnahme freiwillig durchführt, weil man sie selbst für gut und werthaltig erachtet. Selbstverständlich wird ein erfahrener Feel Good Manager einen Leiter oder einen Mitarbeiter auf die Vorteile einer vorgeschlagenen Maßnahme hinweisen. Er wird aufzeigen, wie der Einzelne von Feel Good Management profitiert und wie es ihm dadurch gesundheitlich oder mental besser gehen kann. Dennoch beschränkt sich die Aufgabe des Feel Good

Managers letztlich auf die Überzeugungsarbeit. Sofern bei einem Leiter oder einem Mitarbeiter keine Bereitschaft vorhanden ist, sich auf eine vorgeschlagene Maßnahme einzulassen und aktiv daran teilzunehmen, hat der Feel Good Manager keine weitere Handhabe, eine Mitwirkung zu erzwingen. Das wiederum trägt dem ureigenen Gedanken des Feel Good Managements Rechnung, das immer als freiwillige Investition in das eigene Wohlbefinden zu verstehen ist. Jeder Betroffene darf die vorgeschlagenen und initiierten Maßnahmen nutzen, er ist aber nicht dazu gezwungen. Ein gewisses Marketing und Selbstmarketing für diese Funktion ist somit sehr wünschenswert, damit vorhandene Angebote in vollem Umfang genutzt werden. Auch ein regelmäßiger Austausch mit der Belegschaft und der Geschäftsführung ist sehr zu empfehlen, um die Bedürfnisse von allen Beteiligten zu erkennen und zu befriedigen. Dennoch darf es keinen Zwang geben, die Möglichkeiten in Anspruch zu nehmen, denn mit einer erzwungenen Maßnahme wird nicht nur der Grundgedanke von Feel Good Management unterlaufen, sondern auch der nachhaltige Erfolg erheblich gefährdet.

Auch bei einem effektiven Konfliktmanagement spielt die richtige Positionierung des Feel Good Managers übrigens eine enorm wichtige Rolle. Konflikte sind im Arbeitsleben nicht zu vermeiden. Ein erfahrener Feel Good Manager hat deshalb mehrere Techniken an der Hand, durch die er Konflikte effektiv und im Interesse aller Beteiligten auflösen kann. Dazu gehören zum Beispiel Mediations- und Moderationstechniken. Indem man den Verantwortlichen für Feel Good Management in der Unternehmenshierarchie recht weit oben positioniert, unterstreicht die Geschäftsleitung noch die Bedeutung und den Willen zur effektiven Konfliktbeilegung. Wenn man nicht bereit ist, dem Feel Good Management von Seiten der Betriebsleitung den Stellenwert zu geben, der ihm gebührt, um Konflikte effektiv aufzulösen, wird es sehr schwer für den Feel Good Manager, seine Aufgabe sinnvoll auszuüben. Er hat dann kaum die Möglichkeit, auf Leiter und Mitarbeiter mäßigend und ausgleichend einzuwirken. Kommt ihm dagegen die entsprechende Position in der Hierarchie zu, wird sie von der Geschäftsleitung unterstützt und nimmt er seine Aufgaben im Arbeitsalltag mit einer gewissen natürlichen Autorität wahr, kann er allein durch die Entwicklung von Lösungsvorschlägen bei Konflikten unter Beteiligung der Betroffenen viel bewirken.

Du hast jetzt einen weiteren wichtigen Baustein des Feel Good Managements kennengelernt. Konflikte sind im Arbeitsleben nicht zu vermeiden. Ein guter Feel Good Manager trägt viel zu effektiven Lösung bei und legt damit die Basis dafür, dass sich jeder Mitarbeiter im Betrieb wohlfühlen kann. Sofern Konflikte auftreten, werden sie zügig und zur Zufriedenheit der Betroffenen gelöst. Das gibt eine hohe Sicherheit für alle Beteiligten, so dass man Probleme nicht unter den Teppich kehrt, sondern gezielt zur Behebung beiträgt. Damit ist eine elementare Grundvoraussetzung geschaffen, damit sich Mitarbeiter und Führungskräfte in einem Unternehmen langfristig wohlfühlen.

Im nächsten Kapitel bekommst du einen Einblick in den Arbeitsalltag des Feel Good Managers. Er zeigt dir, dass es sich hier um ein äußerst spannendes Wirkungsfeld handelt, das einerseits enormes Potenzial für den Feel Good Manager beinhaltet, seine Fähigkeiten und Neigungen im Berufsleben voll auszuleben. Andererseits birgt es aber auch eine große Chance für Mitarbeiter und Führungskräfte, die vielfältigen Angebote zu gestalten, zu optimieren und in ihrem eigenen Interesse zu nutzen.

5. So sieht der Arbeitsalltag des Feel Good Managers aus

Nachdem ich mir ein wenig theoretisches Hintergrundwissen zum Feel Good Management erarbeitet hatte, Bücher gelesen und online recherchiert hatte, machte sich zuerst ein etwas unbehagliches Gefühl in mir bemerkbar. Ich hatte den Eindruck, dass ich hier in eine Welt eingetaucht war, die mir als Unternehmer bisher völlig fremd war. Immer wieder hatte ich bei meiner Lektüre das Gefühl, dass ich mir den Spiegel vorhielt, denn viel zu häufig musste ich feststellen: Die Ansätze des Feel Good Managements suchte ich in meinem Unternehmen bisher vergeblich. An der einen oder anderen Stelle beschlich mich sogar das Gefühl, dass ich selbst als Unternehmer und Vorgesetzter kaum zu einer Wohlfühlkultur in meinem Unternehmen beigetragen hatte. Unabhängig davon, dass mein Betrieb viele Jahre lang recht erfolgreich war, dass die Bilanzen in Ordnung waren und dass die Gewinne stimmten – von Feel Good Management war meiner eigenen Einschätzung nach bei objektiver Betrachtung leider nicht die Rede. Hatte ich es also verpasst, meinen Mitarbeitern ein angenehmes und wertschätzendes Klima zu vermitteln? War meine Mannschaft am Ende gar nicht so begeistert bei der Sache, wie ich das immer angenommen hatte? Hatte man deshalb vielleicht sogar an der einen oder anderen Stelle verpasst, mich auf offensichtliche Versäumnisse bei der Geschäftsführung hinzuweisen, die im Nachhinein zum Scheitern des gesamten Betriebs führten?

Es waren unangenehme Frage, die ich mir zu diesem Zeitpunkt immer wieder stellte. Gleichzeitig reifte in mir ein Entschluss: Beim nächsten Mal wollte ich es besser machen! Ich wollte es noch einmal wissen – und mit einem kleinen Start-up erfolgreich sein. Zwar hatte ich in dieser Phase noch keine Vorstellung, mit welcher Geschäftsidee ich mich beschäftigen wollte, aber ich nutzte die Zeit, um mich vorerst mit dem Feel Good Management in der Praxis zu beschäftigen. Ich nahm also Kontakt zu einem erfolgreichen IT-Start-up in der nächsten Stadt auf und hatte Glück – der Begriff »Feel Good Management« war dort kein Fremdwort.

Einige Tage später saß ich dem Feel Good Managers des Unternehmens beim Mittagessen gegenüber und hatte die Gelegenheit, ihn nach seiner täglichen Arbeit zu befragen. Ich war überrascht, denn er bestätigte zwar, was ich aus der Theorie bereits wusste, doch es erstaunte mich, dass es tatsächlich Firmen gab, die hier offenbar schon sehr viel weiter auf ihrem Weg zu erfolgreichem Feel Good Management waren, als ich mir das vorstellen konnte. Er erzählte mir von Kochevents für die Mitarbeiter, von Sportveranstaltungen für Teams, von Seminaren rund um das Thema Gesundheit, von Seminaren zu Entspannungstechniken und vielem mehr, was ich bisher nur aus der Theorie und aus der Lektüre meiner Unterlagen kannte. Am Ende des Mittags war klar: Feel Good Management sollte in meinem Start-up eine bedeutende Rolle spielen, und ich begann, mir mein ganz persönliches Konzept zu überlegen, wie ich mir Feel Good Management in meinem Unternehmen der Zukunft vorstellte.

Folge mir auf eine Reise in die bunte Welt des Feel Good Managements aus der Sicht des Verantwortlichen, der die Wohlfühlkultur im Unternehmen begleitet und lasse dich inspirieren, wie dieser Job in der Praxis aussehen kann.

5.1   Wie nutzt man Team-Feedback in einer Wohlfühlkultur?

In einer Wohlfühlkultur soll sich jedes einzelne Teammitglied wohlfühlen. Im betrieblichen Alltag ist das nicht immer einfach. Hier treffen unterschiedlichste Charaktere aufeinander, jeder hat bei seiner täglichen Arbeit eine bestimmte Funktion zu erfüllen und muss unterschiedliche Interessen berücksichtigen. Konflikte und Auseinandersetzungen sind also vorprogrammiert, und während der eine weniger darunter leidet, wenn es zu einer langen und heftigen Diskussion kommt, ist der andere tagelang betrübt, wenn nur eine kleine Meinungsverschiedenheit mit dem Kollegen auszutragen ist. In Unternehmen, die sich im Sinne des Feel Good Managements strukturieren, dürfte es in der Regel eine flache Hierarchie geben. Vielleicht arbeitet man je nach Aufgabenstellung in wechselnden Teams zusammen, unter Umständen muss man sich immer wieder auf andere Menschen einstellen und mit neuen Kollegen produktiv zusammenarbeiten. Wer bisher gewohnt war, in einem bekannten Umfeld im gleichen Team zu arbeiten, hat mit diesem neuen Arbeitsumfeld vielleicht Schwierigkeiten. Dies mag umso mehr für eher introvertierte Mitarbeiter gelten, die von sich aus eher weniger auf andere Menschen zugehen und die sich eher selten offen mit Fremden austauschen.

Vor diesem Hintergrund kommt dem Feel Good Manager eine große Bedeutung zu. Es ist Teil seiner Aufgabe, Gemeinschaftserlebnisse für alle zu initiieren, zu organisieren und durchzuführen (25). Teamevents sollen ein positives Gefühl der Gemeinsamkeit vermitteln. Wichtig sind solche Veranstaltungen einerseits, um die Mannschaft in guten Zeiten aufeinander einzuschwören, damit sie in Krisenzeiten zusammenhält. Andererseits spielen sie eine wichtige Rolle, um Konflikte im Team gezielt aufzulösen. Dabei hat das Teamfeedback einen besonderen Stellenwert.

Der regelmäßige zwanglose Austausch mit den Kollegen kommt im Arbeitsalltag häufig zu kurz. Wohl jeder hat schon einmal die Erfahrung gemacht, wie hilfreich ein kurzes Gespräch in der Küche ist, wenn man ein Problem mit der Nachbarabteilung zu lösen hat und bei einem Kaffee ganz entspannt darüber reden kann. Das zwanglose Umfeld und der gemeinsam genossene Kaffee haben offenbar einen konstruktiven Effekt auf die Beteiligten. Im Ergebnis gelingt es in einem informellen Gespräch häufig viel schneller und besser, die gegenseitigen Interessen offenzulegen, zu verstehen und eine konstruktive Lösung zu finden, die allen Beteiligten weiterhilft. In einem formellen Termin unter Beteiligung der Leiter ist das häufig nicht so schnell und effektiv möglich. Ein erfahrener Feel Good Manager kennt diese Vorteile des informellen Treffens und nutzt die Chancen, die sich daraus ergeben. Er setzt es sich zum Ziel, derartige Gemeinschaftserlebnisse regelmäßig zu initiieren, um ihren positiven Effekt zu verstärken. Wenn möglich, nutzt er das Instrument der Zwanglosigkeit für gemeinsame Treffen und schafft so eine Basis dafür, dass sich die Teams untereinander und die einzelnen Teammitglieder schneller gut kennenlernen. Er schafft dadurch den Raum für gegenseitiges Verständnis, er gibt die Möglichkeit für einen individuellen Austausch ohne Zeitdruck und legt die Basis, sich mit Offenheit, Vertrauen und Toleranz zu begegnen. Im Idealfall nehmen alle Teammitglieder in regelmäßigen Abständen an solchen Gemeinschaftserlebnissen teil.

Wichtig ist dabei, dass es sich um freiwillige Veranstaltungen handelt. Kein Mitarbeiter darf das Gefühl haben, dass es sich um eine Verpflichtung handelt, für die er vielleicht noch seine Freizeit opfern muss. Wer nämlich den Eindruck hat, dass er eine solche Veranstaltung in seiner freien Zeit besuchen muss, um sich mit seinen Kollegen auszutauschen, hat schnell einen eher schlechten Eindruck und wird nur widerwillig teilnehmen. Dem Feel Good Manager kommt deshalb die wichtige Aufgabe zu, diese Teamveranstaltungen so zu organisieren, dass die Teilnahme für alle möglich ist, ohne dass man sich dabei unter Druck gesetzt fühlt. Neben der gefühlten Freiwilligkeit ist es wichtig, dass solche Erlebnisse insgesamt ein positives Image haben. Nur dann wird der Einzelne gerne teilnehmen und sich auf den lockeren Austausch einlassen. Das positive Image geht auch damit einher, dass jedes Teammitglied das Gefühl haben muss, dass es von der Teilnahme profitiert. Jeder Einzelne muss somit genau verstehen, welche Vorteile er hat, wenn er freiwillig teilnimmt. Der Profit kann in dem gemeinsamen positiven Erlebnis bestehen, er kann in dem Gefühl bestehen, dass man zusammen etwas Großartiges leistet, er kann aber auch darin bestehen, dass man sich in seiner Entwicklung bestätigt fühlt oder sich insgesamt im Team einfach wohlfühlt.

Als Feel Good Manager benötigt man bei solchen Veranstaltungen eine Menge Fingerspitzengefühl, denn es gilt, die richtigen Veranstaltungen in der passenden Form zu initiieren, zu organisieren und durchzuführen. Auf der einen Seite muss er ein sicheres Gefühl haben, welches Event gut bei der Belegschaft ankommt und einen gewissen Mehrwert bringt. Um das zu beurteilen, muss er in der Mitarbeiterschaft gut vernetzt sein und den regelmäßigen Austausch pflegen. Auf der anderen Seite ist es wichtig, das Feedback der Teilnehmer und der gesamten Belegschaft regelmäßig einzuholen und einzufordern. Wer Teamfeedback gezielt fordert und nutzt, verschafft sich einen kontinuierlichen Eindruck zur Stimmung in der Mannschaft und kann gegenläufige oder negative Strömungen leicht aufnehmen und steuern. Deshalb ist es wichtig, Teamfeedback einzuholen und zu filtern. Nicht jede Rückmeldung aus der Mannschaft ist zielführend, nicht jedes

Feedback muss berücksichtigt werden. Dennoch ist es unbedingt nötig, jedem Mitarbeiter das Gefühl zu geben, dass seine Rückmeldung wertvoll ist und weiterhilft. Feedback einzuholen und konstruktiv zu verwerten, ist also eine ganz elementare Aufgabe, die der Feel Good Manager bei solchen Teamveranstaltungen ausübt. Feedback soll offen, direkt und zeitnah gegeben werden, was aber in der Praxis nicht für jeden Mitarbeiter in Frage kommt. Vor allem negative Rückmeldungen gibt man vielleicht eher anonym. Auch damit muss der Feel Good Manager umgehen. Je eher es ihm gelingt, die Rückmeldungen aus dem Team aufzunehmen, sie ernstzunehmen und zu berücksichtigen, desto eher schafft er den Rahmen dafür, dass jeder Einzelne gerne an einem Teamevent teilnimmt, sich dort einbringt und dadurch wertvolle Anregungen für das gesamte Team gibt.

Wenn ein Team funktioniert, sind solche regelmäßigen Gemeinschaftserlebnisse hilfreich, um die Stimmung auf einem hohen Niveau zu halten und jedem Einzelnen das Gefühl der Wertschätzung zu geben. So unterstützt man jeden Mitarbeiter dabei, seinen Platz im Team zu finden und sich im Austausch mit seinen Kollegen und in seiner Rolle wohlzufühlen. In einer schwierigen Teamsituation ist noch etwas mehr Initiative gefordert, doch der Feel Good Manager hat auch hier eine Reihe von Ansatzpunkten. Ist ein Mitarbeiter zum Beispiel aus einer anderen Abteilung neu ins Team gekommen oder hat das Team einen neuen Leiter bekommen, führt das manchmal zu unausgesprochenen Konflikten. Bis sich alle aneinander gewöhnt haben, bis man mit der Art des neuen Kollegen oder Leiters klar kommt und bis man weiß, wie man sich gegenseitig einzuschätzen hat, geht einige Zeit ins Land. Unter Umständen stellt sich im Lauf der Zeit auch deutlich heraus, womit man sich nicht arrangieren will. Vielleicht kommt es zu Schwierigkeiten, weil Kompetenzen nicht klar abgegrenzt sind oder weil jemand eine persönliche Eigenschaft hat, die man gar nicht akzeptieren mag. Die Gründe für solche Konflikte im Team sind so unterschiedlich wie die Teammitglieder und ihre Eigenschaften. Trotzdem gilt es, alle an Bord zu holen und dazu anzuhalten, die beste Leistung zu geben. Positive gemeinschaftliche Erlebnisse im Team können in dieser Situation dazu beitragen, die Stimmung zu entschärfen. Ein erfahrener Feel Good Manager wird vermutlich unterschiedlichste Methoden des Konfliktmanagements anwenden, um zuerst herauszufinden, worin die Konflikte bestehen und wie sie ausgelöst wurden. Auch dabei ist Teamfeedback hilfreich, es muss angefordert und konstruktiv genutzt werden, ohne es in irgendeiner Form zu werten.

Dazu nutzt ein Feel Good Manager die Techniken des Feedbacks unter Umständen ganz gezielt. Das heißt, er lässt sich von den einzelnen Teammitgliedern zeitnah und direkt anhand von konkreten Beispielen beschreiben, in welcher Situation man sich nicht wohl fühlt oder wann die Stimmung im Team schlecht ist. Treten gleiche Beschreibungen häufiger auf, haben sie offenbar ein gewisses Gewicht. Ausschlaggebend ist, dass er beim Einholen des Feedbacks nicht wertet, wenn Feedback basiert auf einer persönlichen Empfindung. Es ist wichtig, jeden Mitarbeiter in dieser Situation um Feedback zu bitten, wobei ein erfahrener Wohlfühlmanager natürlich weiß, dass nicht jede Rückmeldung gleichermaßen sofort zum Ziel führt. Hat man das Feedback aus dem Team eingeholt, ist es im nächsten Schritt zu filtern, um aus der Häufigkeit von Nennungen und der Art der Beschreibung abzuleiten, wo die Konflikte im Team ihre Ursache haben könnten. Sind nur einzelne Teammitglieder davon betroffen, bemüht man sich, mit ihnen eine tragfähige Lösung zu erarbeiten. Geht es um das Team als Ganzes, muss die gesamte Mannschaft daran beteiligt sein. Gelingt es dann, ein gemeinsames Teamerlebnis zu schaffen, an dem alle ihren Anteil haben und das von allen Beteiligten als Erfolg gewertet wurde, hat man gute Chancen, dass diese Mannschaft auch in Zukunft gut zusammenarbeitet.

5.2 Wie steuert der Feel Good Manager Onboarding und Outplacement?

Zwei der wohl wichtigsten Prozesse, die der Feel Good Manager begleitet, sind das Onboarding und das Outplacement von Mitarbeitern. Sie sind deshalb so bedeutend, weil ein Unternehmen bei beiden Prozessen sehr viel verkehrt machen kann und die Zusammenarbeit mit einem Mitarbeiter nachhaltig positiv oder negativ beeinflusst (26).

Onboarding steht für die Einarbeitung eines neuen Mitarbeiters. Im Sinne des Feel Good Managements soll sich ein Mitarbeiter unabhängig von seiner Position in der Hierarchie von der ersten Minute an in seinem neuen Unternehmen wohlfühlen. Er muss sich willkommen fühlen, er soll den Eindruck haben, dass man ihn erwartet hat und dass man sich auf die zukünftige Zusammenarbeit freut. Es ist wichtig, diesen Mitarbeiter in den ersten Wochen mit Wertschätzung und Respekt zu behandeln, denn schließlich hat man ihn zur Unterstützung des Betriebs an Bord geholt und vertraut seinen Fähigkeiten. Gleichzeitig benötigt er gewisse Richtlinien, um die Gepflogenheiten in seiner neuen beruflichen Heimat so schnell wie möglich zu verinnerlichen und selbst anzunehmen. Abhängig von der individuellen Situation äußert sich Unterstützung und Wertschätzung zum Beispiel darin, bei der Suche nach einer Wohnung behilflich zu sein, die neuen Kollegen schnell kennenzulernen, die eigenen Aufgaben zugeteilt zu bekommen und zu wissen, was man in Zukunft tun und lassen sollte. In dieser ersten Phase sind Unsicherheiten ganz natürlich, und ein Feel Good Manager wird das Gefühl vermitteln, dass sie normal sind. Er wird Zuversicht verströmen, dass man diese Phase gemeinsam meistert. Ein Unternehmen, das die Wohlfühlkultur pflegt, gibt einem Neuankömmling das Gefühl, dass er willkommen ist und dass man auf seine Unterstützung zählt. Gelingt das, hat man vermutlich einen Mitarbeiter angestellt, der längere Zeit auf seiner Position bleibt, weil sie ihm gefällt. Gelingt das aber nicht, ist der neue Kollege vielleicht schnell wieder weg, weil er sich nach einem anderen Tätigkeitsfeld umsieht. Damit entstehen dem Unternehmen allerdings hohe Kosten, denn jeder Wechsel führt zu Unruhe im Team, und er kostet, weil der Rekrutierungsprozess erneut durchlaufen werden muss. Deshalb sollte jeder Betrieb ein größeres Interesse daran haben, dass Mitarbeiter an Bord bleiben und nicht kontinuierlich wechseln.

Ein Unternehmen, das das Onboarding gut organisiert hat, erhöht übrigens auch seine Stellung als guter Arbeitgeber. Dadurch steigt die Attraktivität im Sinne des Employer Brandings ganz massiv, denn Absolventen und Direkteinsteiger haben ein Auge auf Firmen, die ihre neuen Leute nach dem Einstieg gezielt unterstützen. Wer hier noch nicht optimal aufgestellt ist, vergibt wichtiges Potenzial bei der Rekrutierung von neuen Mitarbeitern.

Während das Onboarding den Einstieg eines Mitarbeiters markiert, steht das Outplacement für das Ende des Arbeitsverhältnisses. Allerdings geht es beim Outplacement weniger um die klassische Kündigung als vielmehr um die Beendigung mit Vermittlung in ein anderes Unternehmen oder mit Unterstützung bei der Suche nach einem Studienplatz für die individuelle Weiterbildung. Unter Umständen können Outplacementangebote an die Zahlung einer Abfindung gekoppelt sein, wenn ein Unternehmen zum Beispiel ältere Mitarbeiter gegen junge Leute vom Arbeitsmarkt ersetzen will und sie mit einer attraktiven Abfindung zur Aufgabe des Arbeitsplatzes bewegen will. Outplacement ist ein Prozess, der ganz besonderes Fingerspitzengefühl von der Unternehmensleitung verlangt. Selbst ein erfahrener Feel Good Manager stößt in dieser Situation leicht an seine Grenzen. Hat sich bei dem betroffenen Mitarbeiterkreis erst einmal das Gefühl eingeschlichen, dass man sie mit einem Outplacement schlicht loswerden will, ist die Grundlage für Frustration schon geschaffen. Es ist dann sehr schwer, diese Mitarbeiter noch dazu zu bewegen, sich für die Firma zu engagieren und die berühmte »Extrameile« zu gehen. In der Regel sind von einem Outplacementangebot vor allem ältere Mitarbeiter betroffen, die bereits seit vielen Jahren im Betrieb sind. Ihre Qualifikationen sind vermutlich nicht mehr auf dem neuesten Stand, ihre Arbeitstechniken mögen zum Teil veraltet sein. Zwar wiegt ihre Erfahrung eine Menge auf, doch das genügt nicht, um als Arbeitnehmer weiterhin attraktiv zu sein und um einen hohen Mehrwert im Unternehmen zu stiften. Um das Problem veralteter Qualifikationen und mangelnder Kündbarkeit zu lösen, setzen viele Firmen auf finanziell interessante Outplacementangebote. Damit diese allerdings angenommen werden, müssen sie einerseits auf die Bedürfnisse der Mitarbeiter zugeschnitten sein und andererseits aktiv beworben werden. Dabei muss die Geschäftsleitung den Betroffenen das Gefühl der Wertschätzung vermitteln, um Frustration zu vermeiden oder wenigstens zu reduzieren. In diese Situation kann ein Feel Good Manager unterstützen. Er fungiert als Bindeglied zwischen Unternehmensleitung und Mitarbeitern, er kann vermitteln und Alternativen aufzeigen. Allerdings wird es auch ihm nicht möglich sein, ein schlechtes Gefühl und Frust zu vermeiden, wenn sich zu sehr der Eindruck durchsetzt, dass man ältere Mitarbeiter loswerden will. Deshalb ist beim Outplacement eine Zusammenarbeit zwischen Unternehmensleitung und Feel Good Manager gefordert, um Verständnis für das Ansinnen des Betriebs zu schaffen und gleichzeitig die Bedürfnisse der Mitarbeiter zu hören. Diese Bedürfnisse mögen einerseits in attraktiven Abfindungsangeboten bestehen, andererseits sollten aber auch die angebotenen Weiterbildungsmaßnahmen oder die als Alternative beworbenen Unternehmen interessant sein. Wenn eine Selbständigkeit als Variante angeboten wird, sollte es dafür eine umfassende Gründerberatung geben. Letztlich muss es dem Unternehmen gelingen, alle Alternativen abgestimmt auf den Bedarf der Mitarbeiter so zu präsentieren, dass man sich entscheidet, eine sichere Position im bisherigen Unternehmen aufzugeben und den Schritt in eine vermutlich nicht so sichere Zukunft zu gehen.

An einem reibungslosen Outplacement zeigt sich also sehr deutlich, ob ein Betrieb das Konzept »Feel Good Management« verstanden hat oder ob es sich lediglich um ein Lippenbekenntnis handelt, denn in dieser Situation kann die Geschäftsführung viel verkehrt machen, was auch ein erfahrener Feel Good Manager nicht mehr heilen kann. Die Konsequenzen für die Reputation einer Firma sind allerdings erheblich, denn hat man sich den Ruf erschaffen, ältere Mitarbeiter schlicht mit allen Mitteln loswerden zu wollen, ist es sehr schwer, diesen Makel zu heilen und das Image zu verbessern. Neue Fachkräfte holt man mit diesem Ruf nicht an Bord, wenn sie schon bei ihrer Einstellung wissen, dass man sie eines Tages vielleicht ebenso zum Rückzug bewegen will. Deshalb kommt dem Feel Good Management beim Outplacement ein sehr hoher Stellenwert zu.

5.3 Wie berücksichtigt der Feel Good Manager individuelle Wünsche?

Ein essenzieller Bestandteil des Feel Good Managements ist es, dass individuelle Bedürfnisse des Mitarbeiters beachtet werden (27). Eine Wohlfühlatmosphäre entsteht nur, wenn er das Gefühl der Wertschätzung hat und wenn man ihm den Eindruck vermittelt. Dass seine Wünsche Gehör finden. Der Feel Good Manager trägt dem Rechnung, indem er in jedem Gespräch genau auf diese Wünsche eingeht. Ein Mitarbeiter darf als unabhängig von den individuellen Umständen seiner persönlichen Situation niemals das Gefühl haben, dass er nach einem Standard behandelt wird, der für jeden anderen ebenfalls zur Anwendung kommt. Er muss vielmehr den sicheren Eindruck haben, dass allein seine Ziele, Wünsche und Probleme im Mittelpunkt stehen und gelöst werden sollen. Nur dann entsteht eine Kultur, in der man sich wohlfühlt.

Ein Feel Good Manager, der diesen Ansatz verstanden hat, kann in seiner täglichen Arbeit sehr gezielt darauf eingehen. Er wird den Mitarbeiter dazu in der Regel zunächst zu seinen Wünschen und Vorstellungen befragen. Wenn es zum Beispiel um die Frage des Outplacements geht, wird das sehr deutlich. Als Feel Good Manager muss man in einem Erstgespräch dazu herausfinden, welche Lebensmodelle der Mitarbeiter für sich wählt. Ist ihm zum Beispiel wichtig, sich beruflich stark zu engagieren und zieht er einen hohen Teil seiner Bestätigung und seiner Befriedigung aus dem Berufsleben, passt es nicht dazu, diesen Mitarbeiter so schnell wie möglich zu kündigen. Weiß man dagegen, dass ein älterer Mitarbeiter sowieso nur noch auf den Rentenbeginn wartet, ist es leicht, diese Situation bei einem Outplacementgespräch zu berücksichtigen. Je mehr der individuellen Situation und den Vorstellungen des Betroffenen Rechnung zu tragen ist, desto mehr wird er ein Gefühl von Wertschätzung empfinden und desto besser wird er sich fühlen.

Ganz ähnlich verhält es sich in einer Konfliktsituation zwischen einem Mitarbeiter und seinem Vorgesetzten. Der Feel Good Manager wird auch hier nach der Einschätzung des Mitarbeiters fragen. Er wird herausfinden, welche Situationen zu dem schlechten Verhältnis geführt haben und welche Vorkommnisse in der Vergangenheit stattgefunden haben. Es ist wichtig, den Betroffenen in einem Gespräch ernstzunehmen und das Gefühl des Vertrauens und der Wertschätzung zu geben. Möchte ein Mitarbeiter zum Beispiel versetzt werden, weil er mit einem Vorgesetzten nicht arbeiten kann, wäre es wichtig, die Alternativen aufzuzeigen und Lösungswege zu unterbreiten. Dabei sollte eine gewisse Initiative immer auch direkt vom betroffenen Mitarbeiter kommen. Wenn er gebeten wird, Lösungsvorschläge aufzuzeigen und Ideen zu entwickeln, trägt er aktiv zur Entspannung der Situation bei.

Er hat außerdem das gute Gefühl, dass man ihn wertschätzt und ernst nimmt. Je mehr er in die Entwicklung einer Lösung eingebunden ist, desto eher wird er sich gut fühlen und an der Lösung mitarbeiten. Der Feel Good Manager kann alles das gezielt steuern und in gewisser Hinsicht im gegenseitigen Interesse beeinflussen.

Dazu muss er die Wünsche, Vorstellungen und Bedürfnisse des Mitarbeiters in der jeweiligen Situation im Gespräch herausfinden und aktiv erfragen. Natürlich setzt das eine gewisse Offenheit und Mitarbeit des Mitarbeiters voraus. Ist diese nicht gegeben, ist es für einen Feel Good Manager sehr schwer, eine konstruktive Lösung herbeizuführen. Wenn aber der Mitarbeiter mit dem Wohlfühlmanager zusammenarbeitet und wenn beide an einer tragfähigen Lösung interessiert sind, entsteht daraus leicht eine Win-Win-Situation für alle Beteiligten. Deshalb ist es ausschlaggebend, die naturgemäß sehr individuellen Wünsche und Bedürfnisse aktiv zu erfragen und Lösungen zu erarbeiten, um diese in der Praxis umzusetzen. Nur dann entsteht nachhaltig eine Wohlfühlatmospähre, von der das Feel Good Management im beruflichen Alltag lebt.

Der berufliche Alltag eines Feel Good Managers ist also durch sehr unterschiedliche Aufgaben gekennzeichnet. Manchmal handelt es sich um eine einfache Lösung, die schon im kurzen Gespräch zu finden ist, manchmal geht es um ein Projekt, das über einen längeren Zeitraum entwickelt und umgesetzt wird. Fast immer muss ein Feel Good Manager ein hohes Maß an Empathie mitbringen und diese im Gespräch auch beweisen, denn es geht darum, dem Betroffenen das Gefühl zu vermitteln, dass er vertrauen kann und dass er verstanden wird. Das funktioniert nur, wenn der Feel Good Manager mit sehr viel Fingerspitzengefühl arbeitet und immer wieder auf die individuelle Situation des Betroffenen eingeht. Außerdem müssen Worte und Taten natürlich übereinstimmen, denn nur dann bleibt das Gefühl der Authentizität mit dem Eindruck, dass man sich wirklich nachhaltig um das Wohlbefinden des Mitarbeiters kümmert, um ihn zu Bestleistungen zu motivieren.

Für das individuelle Wohlbefinden spielt auch die Gesundheit eine große Rolle. Nur wer sich fit und leistungsfähig fühlt, führt seine Arbeit auch unter hohem Druck und enormer Belastung konstant gut aus. Ein elementarer Baustein des Feel Good Managements ist deshalb das betriebliche Gesundheitsmanagement. Nicht zu vernachlässigen ist auch die Vorbildfunktion, die ein Feel Good Manager für sein Team hat, denn er sollte mit gutem Beispiel vorangehen und zeigen, wie man sich um die eigene Gesundheit kümmert.

6. Wie sich Gesundheit und Arbeit vereinbaren lassen

Ich kann mich noch gut an die Zeit erinnern, als ich Tag für Tag rund um die Uhr im Einsatz für meine Firma war. Am Morgen war ich derjenige, der die Türen aufschloss, am Abend machte ich das Licht aus. Am Wochenende berechnete ich Angebote für neue Kunden oder tüftelte an innovativen Ideen, um den Service zu verbessern. Für Sport, Freizeit, Familie oder gar gesunde Ernährung blieb dabei keine Zeit. Das ging viele Jahre hinweg gut, bis ich irgendwann den Eindruck hatte, dass meine Gesundheit darunter zu leiden begann. Ich konnte nachts schlecht schlafen, an frühes Einschlafen war dank der hohen Arbeitsbelastung bis in den späten Abend nicht zu denken. Am Morgen wachte ich nach wenigen Stunden Schlaf völlig erschöpft auf. Irgendwann hatte ich das Gefühl, in einem Hamsterrad aus Arbeit gefangen zu sein, aus dem es kein Entrinnen mehr gab. Ich war nervös und gereizt, beim geringsten Anlass fuhr ich aus der Haut. Ich war ungerecht meinen Mitarbeitern und meiner Familie gegenüber, meine Frau sah mich nur noch zwischendurch, meine Kinder wuchsen praktisch ohne mich auf. Das Schlimmste aber war: Ich merkte selbst gar nicht, wie mein Leben an mir vorbei ging!

Erst der Konkurs meiner Firma war für mich Anlass genug, in mich zu gehen und über mein bisheriges Leben nachzudenken. Als die schlimmste Zeit nach der Insolvenz überstanden war, kam ich langsam zur Ruhe und nutzte die Gelegenheit, über mein zukünftiges Verhältnis zur Arbeit nachzudenken. Wollte ich wirklich in dieser Form unverändert weitermachen? Wollte ich wirklich riskieren, Frau und Kinder zu verlieren, weil ich permanent dem Geld und dem Erfolg nachjagte? Wollte ich unbedingt meine Gesundheit auf's Spiel setzen und meinen Körper weiterhin bis zum Umfallen fordern? Es dauerte nicht lange, bis die Antwort gefunden war. Sie war ein klares und eindeutiges »Nein«. So wie bisher wollte ich nicht mehr weitermachen, denn ich hatte im Grunde längst gespürt, dass mir mein bisheriges Leben zu anstrengend wurde. Zeitgleich zeigte mir mein Einstieg in die Materie

»Feel Good Management«, wie wichtig es war, das betriebliche Gesundheitswesen fest im Unternehmen zu verankern und den Mitarbeitern und Führungskräften die Möglichkeit für eine gesunde Lebensführung zu geben. Arbeit und Gesundheit standen dabei nicht unvereinbar gegenüber, sondern sie waren wie die beiden Seiten einer Medaille, die sich perfekt ergänzten. Von nachhaltigen Steigerungen der Produktivität war da sogar die Rede, wenn Mitarbeiter weniger krank sind und dadurch geringere Ausfallkosten verursachen. Heute ist mir klar, dass ein gesundes Arbeitsumfeld elementar wichtig ist, damit Mitarbeiter langfristig leistungsfähig bleiben. In meinem Start-up habe ich unzählige Anregungen aus dem Feel Good Management beherzigt. Das Ergebnis ist überzeugend, denn die Zahl der Fehltage ist konstant gering, und jeder Einzelne in meiner Mannschaft erbringt Tag für Tag Höchstleistungen, ohne größere Anzeichen von Ermüdung zu zeigen.

In diesem Kapitel erfährst du, wie man Gesundheit und Arbeit leichter miteinander in Einklang bringen kann, und wie der Feel Good Manager dazu beiträgt. Du bekommst einen Einblick, wie sich das betriebliche Gesundheitsmanagement einfügt in das Feel Good Management und warum es sich für nahezu jedes Unternehmen lohnt, hier neu anzusetzen und der Gesundheit der Mitarbeiter einen größeren Stellenwert einzuräumen.

6.1 Wie leben Feel Good Manager ihre Funktion als Vorbild aus?

Ein Feel Good Manager liebt seine Arbeit, er ernährt sich gesund, er macht regelmäßig Sport, er hält Arbeit und Freizeit in einer ausgewogenen Balance, und er ist rundherum topfit und leistungsfähig – so könnte man meinen, wenn man sich das Konzept des Feel Good Managements genauer ansieht und wenn man einen Bezug herstellt zur täglichen Arbeit des Feel Good Managers. Er ist der Experte für gesunde Lebensführung, für nachhaltiges Arbeiten, für ausgewogene Ernährung und für genügend Sport. Er sollte wissen, wie man am Abend von der Arbeit abschaltet und Stress hinter sich lässt. Er sollte die Kniffe kennen, wie man täglich etwas Bewegung in den vollen Terminkalender einplant und am Wochenende noch Zeit und Energie hat für ein Workout im Fitnessstudio. Und natürlich hat er immer einen gesunden Snack im Schreibtisch, wenn das Mittagstief droht, damit er nicht zu Schokolade und Süßigkeiten greifen muss …

Als Feel Good Manager hat man eine Vorbildfunktion im Unternehmen, und diese kann man sehr gezielt nutzen, um Mitarbeiter im positiven Sinne zu beeinflussen. Dazu muss man sich zuerst dieser Funktion bewusst sein. Ein Feel Good Manager soll seine Aufgabe mit Leidenschaft und Begeisterung ausüben. Er muss hinter dem Konzept Feel Good Management stehen und voll davon überzeugt sein, dass es wirkt und Unternehmen und Mitarbeiter viele Vorteile bringt. Natürlich darf er sich darüber klar sein, dass es manchmal sehr schwer ist, diszipliniert an sich zu arbeiten und den Gang zum Sport anzutreten, wenn man eigentlich gar keine Motivation dazu hat. Trotzdem soll er ein Vorbild an gesunder Lebensführung sein und sein Team davon überzeugen, den einen oder anderen Tipp selbst einmal auszuprobieren – obwohl das natürlich heißt, sich gelegentlich von liebgewonnenen Gewohnheiten wie dem Glas Wein oder der Flasche Bier nach Feierabend zu verabschieden …

Dass ein Feel Good Manager eine Vorbildfunktion hat, ist unbenommen. Dass er sich bemühen soll, im Sinne des Feel Good Managements zu leben und zu arbeiten, liegt ebenfalls auf der Hand. Nur so kann er den einen oder anderen Praxistipp an Mitarbeiter und Führungskräfte weitergeben, und nur so bleibt er glaubwürdig. Ein hohes Maß an Authentizität ist ausschlaggebend, wenn die Belegschaft sich die Tipps des Wohlfühlexperten zu Herzen nehmen soll und diese im Alltag nutzen soll. Ist ein Feel Good Manager nicht von sich und der Wirksamkeit der vorgeschlagenen Maßnahmen überzeugt, gelingt es ihm auch nicht, einen Mitarbeiter dazu zu bewegen, sportlich aktiv zu werden oder mehr auf seine Gesundheit zu achten.

Doch diese Aspekte sind nicht allein ausschlaggebend. Mindestens ebenso wichtig ist es, dass der Feel Good Manager die Vorteile aufzeigt, die der Mitarbeiter davon hat, wenn er seine Tipps beherzigt. Der Betroffene muss also verstehen, warum er einen Sportkurs besuchen soll, warum er an der Rückenschule teilnehmen soll und warum er sich gesünder ernähren soll.

Er muss erkennen, dass es ihm besser geht, wenn er sich regelmäßig bewegt, dass er sich fitter und leistungsfähiger fühlt, und dass er jeden einzelnen Tipp letztlich nur in seinem eigenen Interesse beherzigt. Ein Feel Good Manager leistet also viel mehr als nur Überzeugungsarbeit. Er muss handfeste Argumente vorweisen, die dem Betroffenen plausibel erscheinen und die ihm klarmachen, welche Vorteile er selbst davon hat, wenn er sich mehr um seine Gesundheit kümmert. Hinzu kommt, dass alle Tipps unbedingt praxistauglich sein müssen und auf die individuelle Konstitution des Betroffenen zugeschnitten sein müssen. Hier steht also wieder der einzelne Mitarbeiter im Vordergrund, er muss das Gefühl haben, dass er und seine Gesundheit wichtig sind und dass man sich um ihn sorgt. Individualität, Wertschätzung und Vertrauen sind demnach wichtige Aspekte, wenn er sich davon überzeugen lassen soll, dem positiven Beispiel des Wohlfühlmanagers zu folgen und sich zukünftig selbst mehr um seine Gesundheit zu kümmern.

So wichtig es also für einen Feel Good Manager ist, mit positivem Beispiel voran zu gehen, damit sich andere Mitarbeiter an ihm orientieren können, so wichtig ist es auch, dass er immer wieder auf den einzelnen Betroffenen eingeht, dass er ihm die ganz persönlichen Vorteile aufzeigt und ihm anhand von leicht verständlichen Praxisbeispielen zeigt, wie er selbst mit wenig Aufwand für eine gesunde Lebensführung sorgen kann.

6.2   Warum steigert die Mitarbeitergesundheit die Produktivität?

Im Jahr 2017 waren durchschnittlich 4,2 Prozent der GKV-Versicherten im Krankenstand (28), jeder Arbeitnehmer hat krankheitsbedingt rund 10,6 Tage gefehlt (29). Natürlich schwanken diese Zahlen von Branche zu Branche und von Jahr zu Jahr. Dennoch besteht ein direkter Zusammenhang zwischen dem Krankenstand und dem Kosten eines Unternehmens, denn bis zum 42. Tag einer Krankschreibung gilt die Lohnfortzahlung des Arbeitgebers. Das heißt, er hat seinem Mitarbeiter Entgelt zu zahlen, obwohl dieser gar nicht arbeitet. Der Arbeitgeber gewährt also eine Leistung, ohne eine Gegenleistung dafür zu bekommen. Diese Regelung des deutschen

Sozialversicherungsrechts hat zum Schutz der Mitarbeiter in einem abhängigen Arbeitsverhältnis natürlich ihre Berechtigung. Dennoch muss klar sein: Dem einzelnen Arbeitgeber entstehen dadurch Jahr für Jahr immense Kosten. Je höher die Zahl der krankheitsbedingten Ausfalltage, desto höher sind die Kosten des Arbeitgebers – und desto geringer ist die Produktivität des Mitarbeiters. Vor diesem Hintergrund hat jede Firma ein großes Interesse daran, die krankheitsbedingten Ausfallzeiten der Mitarbeiter zu reduzieren.

Betrachtet man diesen Zusammenhang, wird auch klar, warum Feel Good Management einen unmittelbaren Einfluss auf die Mitarbeiterproduktivität hat. Gelebtes Feel Good Management zielt nicht nur darauf ab, eine Wohlfühlkultur zu schaffen, in der der Einzelne gerne arbeitet. Im Kern geht es darum, die Leistungsfähigkeit des Einzelnen zu erhalten und zu stärken, so dass man Belastungszeiten gut meistert und auch bei längerfristigen Einsätzen unter hoher Belastung fit und gesund bleibt. Damit einher geht in der Regel auch eine große Motivation und eine Begeisterungsfähigkeit für die Arbeit. Wer sich gesund fühlt, ist mit viel mehr Freude bei der Arbeit und erbringt dadurch bessere Leistungen, selbst wenn es sich um eine Phase unter großer Belastung handelt. Zufriedenheit, Commitment und Engagement sind tendenziell umso größer, je wohler sich der Mitarbeiter an seinem Arbeitsplatz fühlt. Seine Gesundheit ist dazu eine wichtige Voraussetzung. Wenn die tägliche Arbeit so sehr zur Belastung wird, dass die Gesundheit darunter zu leiden beginnt, nimmt auch die Zufriedenheit ab. Commitment und Engagement werden sinken, insgesamt wird der Mitarbeiter mit deutlich weniger Motivation zur Arbeit gehen. Damit steigt die Gefahr einer Kündigung, die wiederum zu enormen Folgekosten für die Rekrutierung und das Onboarding führt.

Somit besteht letztlich ein direkter Zusammenhang zwischen der Gesundheit des einzelnen Mitarbeiters, seiner Produktivität und den Kosten, die das Unternehmen für den Einzelnen zu tragen hat. Leider dürfte es schwierig sein, die Kosten und den Nutzen von Feel Good Management in Bezug auf die Mitarbeiterproduktivität zu berechnen. Zwar gibt es statistische Angaben zur Zahl der durchschnittlichen Fehltage pro Mitarbeiter. Es ist aber nur schwer möglich, daraus Kosten für ein einzelnes Unternehmen abzuleiten.

Noch viel schwerer ist es, den Ertrag von Feel Good Management zu quantifizieren und mit Zahlen zu belegen, was die Einführung einer Wohlfühlkultur in einem Unternehmen bringt. Vor diesem Hintergrund ist es für viele Unternehmen sehr schwer, sich für die Einführung zu entscheiden, weil die Vor- und Nachteile solcher Konzepte üblicherweise anhand von harten Zahlen belegt werden sollen. Doch selbst wenn es keinen mathematisch fundierten Nachweis für die Wirtschaftlichkeit von Feel Good Management gibt, liegt der Zusammenhang klar auf der Hand.

Ein Wohlfühlmanagement zielt darauf ab, jedem einzelnen Mitarbeiter das Gefühl zu geben, gerne arbeiten zu gehen. Damit wird sich die Zahl seiner krankheitsbedingten Ausfallzeiten in der Regel verringern. Das gilt umso mehr, wenn ein Unternehmen gezielt Möglichkeiten bereitstellt, etwas für die Gesundheit zu tun. Wer zum Beispiel einen Kurs zu Entspannungstechniken oder eine Rückenschule anbietet, spricht vorrangig Mitarbeiter an, die sich gestresst fühlen oder die Rücken-, Schulter- und Nackenbeschwerden haben oder die diese Beschwerden vermeiden wollen. Depressionen und Burnout stehen ebenso wie Muskel-Skelett-Erkrankungen ganz oben auf der Liste der Gründe für eine drohende Berufsunfähigkeit. Wenn man also als Unternehmen frühzeitig an diesen häufigen Krankheitsgründen ansetzt und Wege anbietet, die physische und die körperliche Widerstandsfähigkeit gezielt zu stärken, unterstützt man den einzelnen Mitarbeiter dabei, sich selbst etwas Gutes zu tun. Krankheitsbedingte Ausfallzeiten lassen sich dadurch leichter vermeiden oder wenigstens reduzieren. Somit tragen diese betrieblichen Maßnahmen direkt dazu bei, die Gesundheit der Mitarbeiter positiv zu beeinflussen und ihre Produktivität zu erhöhen. Selbst wenn sich ein direkter Einfluss nicht anhand von harten Zahlen beweisen lässt, besteht die Chance, die Zahl der Krankheitstage zu reduzieren und damit das Wohlbefinden und die Produktivität des Einzelnen zu erhöhen. Somit hat Feel Good Management letztlich einen direkten Einfluss auf die Mitarbeiterproduktivität und damit auf die Produktivität des gesamten Unternehmens.

6.3 Wie trägt ein gesundes Arbeitsumfeld zu Feel Good bei?

Zwischen dem persönlichen Wohlbefinden und dem eigenen Arbeitsumfeld besteht ein direkter Zusammenhang. Wenn ein Mitarbeiter Tag für Tag an einer Maschine steht, Staub einatmet und Lärm ausgesetzt ist, führt das zu einer hohen gesundheitlichen Belastung. Lunge und Atemwege werden in Mitleidenschaft gezogen, ein hoher Lärmpegel am Arbeitsplatz ist ebenfalls ein Belastungsfaktor, der nicht zu unterschätzen ist. Natürlich ist es in einer Werkshalle, auf einer Baustelle oder an anderen lauten, kalten und schmutzigen Arbeitsplätzen sehr schwer, für ein gesundes Arbeitsumfeld zu sorgen. Doch gerade im Büro bei einer klassischen Schreibtischarbeit gibt es eine Reihe von Ansatzpunkte, wie ein gesundes und nachhaltiges Arbeitsumfeld zu sorgen, um dazu unmittelbar zu einem besseren gesundheitlichen Zustand und zu einem größeren Wohlbefinden am Arbeitsplatz beizutragen.

Zu den elementaren Grundvoraussetzungen eines modernen Büroarbeitsplatzes gehört ein ergonomisch eingerichteter Schreibtisch. Die Höhe der Arbeitsplatte und des Stuhls muss einstellbar sein, damit der einzelne Mitarbeiter bei längerem Sitzen nicht ermüdet und damit die Rücken-, Nacken- und Schultermuskulatur nicht verkrampft. Der Computer und der Bildschirm müssen ebenfalls einstellbar sein, die Entfernung von Maus und Tastatur muss so bemessen sein, dass der Mitarbeiter auch bei längerem Schreiben nicht ermüdet und bei einer mehrstündigen PC-Arbeit keine Beschwerden bekommt. Die Beleuchtung muss ausreichend und individuell zu regulieren sein. Lärm sollte sich im Büro so weit wie möglich vermeiden lassen, damit man nicht ständig von der Arbeit abgelenkt ist.

In der Praxis sieht es in vielen Büros anders aus. Störungsfreies Arbeiten ist vor allem in Großraumbüros kaum möglich. Unter Umständen sind die Mitarbeiter permanent einer gewissen Geräuschkulisse ausgesetzt, die konzentriertes Arbeiten sehr schwer macht. Gespräche der Kollegen, Durchgangsverkehr, lautes Telefonieren sind die häufigsten Störfaktoren, die für den einzelnen Mitarbeiter stressig sein können und die die Belastung am Arbeitsplatz massiv erhöhen. Es gibt also eine Reihe von Faktoren, die das individuelle Arbeitsumfeld bestimmen und die sich sehr nachteilig auf die

Gesundheit des Einzelnen auswirken werden. Natürlich ist jeder Mitarbeiter individuell unterschiedlich. Wenn sich der Eine durch lautes Telefonieren gestört und gestresst fühlt, macht dies dem Anderen überhaupt nichts aus. Entsprechend unterschiedlich ist dann auch das Ergebnis der Arbeit, denn wer sich nicht ablenken lässt durch äußere Einflussfaktoren, ist vermutlich auch in der Lage, dabei ein gutes Arbeitsergebnis zu bringen, während sich ein anderer leicht ablenken und stören lässt und damit weniger gute Resultate bringt.

Abhängig von der individuellen Situation am Arbeitsplatz kann der Arbeitgeber mehr oder weniger dazu beitragen, ein gesundes und störungsfreies Arbeitsumfeld zu schaffen. Natürlich ist er nicht in der Lage, in einer gemieteten Immobilie mit bestimmten Laufwegen für absolute Ruhe zu sorgen. Vielleicht muss er die räumlichen Gegebenheiten so akzeptieren, wie sie sind und kann wenig Einfluss nehmen auf ein angenehmes Arbeitsumfeld. Im Rahmen seiner Möglichkeiten sollte er dies dennoch tun. Dazu hat er verschiedene Möglichkeiten.

Unter Umständen besteht die Chance, den Durchgangsverkehr in einer Abteilung zu reduzieren, indem man Besucher darum bittet, andere Wege zu gehen. Vielleicht helfen schallschluckende Bilder, Möbel und Abtrennungen im Raum dabei, die Geräuschkulisse beim Telefonieren und bei lauten Gesprächen zu verringern. Einzelne Ruheecken lassen sich mit relativ wenig Aufwand einrichten, wenn sich ein Mitarbeiter zum ungestörten Telefonieren zurückziehen will oder wenn er in Ruhe und ohne Lärmbelastung arbeiten will. Diskussionen und Gespräche im Team kann man vielleicht in einen separaten Bereich verlegen, in dem andere Mitarbeiter nicht gestört werden. Wer sich ein Büro mit mehreren Kollegen teilt, sollte längere Telefonate an einen ruhigen Ort verlegen, damit ungestörtes Arbeiten möglich ist.

Es kommt also immer sehr auf die individuellen Umstände an, wie man das Arbeitsumfeld störungsfrei und gesund gestaltet. Ein Feel Good Manager setzt hier an und bringt eigene Lösungsvorschläge ein. Vor allem aber hat er das Ohr an der Mitarbeiterschaft und nimmt Vorschläge auf, die von den Mitarbeitern selbst kommen. Wer unmittelbar von Lärm betroffen ist und kaum ungestört arbeiten kann, hat vielleicht viele gute eigene Ideen, wie man Abhilfe schaffen kann. Solche Ideen gilt es zu entwickeln und umzusetzen. Dazu trägt der Feel Good Manager in Gesprächen mit den Betroffenen bei. Er initiiert selbst Workshops, um Lösungen zu entwickeln und umzusetzen und berücksichtigt dabei immer die Meinungen der Mitarbeiter und der Führungskräfte. So kommt man auch unter schwierigen äußeren Umständen zu Lösungen, die von allen Beteiligten mitgetragen werden und die allen Betroffenen Vorteile versprechen.

Mehr und mehr setzen innovative Unternehmen gerade bei einem störungsanfälligen Arbeitsumfeld auch auf das Konzept des mobilen Arbeitens. Viele Firmen bieten zum Beispiel Homeoffice an und ermöglichen es dem Mitarbeiter, an ein bis zwei Tagen in der Woche von zu Hause aus zu arbeiten. Das wird oft gerne angenommen, denn wenn es im Büro selbst nicht möglich ist, ungestört und konzentriert zu arbeiten, sind die Chancen dazu im Homeoffice unter Umständen viel besser. Es ist zu vermuten, dass sich die Krankheitsquote dadurch verringern lässt und dass die Mitarbeiterproduktivität direkt steigt. Natürlich ist es nicht in jedem Fall möglich und gewünscht, von zu Hause aus zu arbeiten. Tendenziell erlauben moderne IT-Technologien allerdings, hier flexibler vorzugehen und dem einzelnen Mitarbeiter einen größeren Freiraum einzuräumen. Das ist unmittelbar im Sinne des Feel Good Managements und kann zum Wohlbefinden des Einzelnen beitragen. Vor allem auf lange Sicht sollte es möglich sein, ein nachhaltig gesundes Arbeitsumfeld zu schaffen, um das Wohlbefinden der Mitarbeiter positiv zu beeinflussen. Auch wenn sich der positive Effekt nicht unmittelbar quantifizieren lässt, dürfte es sich doch zum Wohl der Firma auswirken, wenn sich die Zahl der Krankentage und damit die Kosten für Ausfallzeiten reduzieren lassen.

6.4 Was hat Gesundheit mit Gesundheitsmanagement zu tun?

Der Zusammenhang erschließt sich vielleicht nicht direkt auf den ersten Blick, und doch ist er eindeutig: Die individuelle Gesundheit des einzelnen Mitarbeiters kann ganz maßgeblich vom betrieblichen Gesundheitsmanagement beeinflusst werden – in positiver Hinsicht (30).

Vereinfacht gesagt versteht man unter Betrieblichem Gesundheitsmanagement – kurz als BGM bezeichnet – die Entwicklung und Steuerung von allen betrieblichen Prozessen und Strukturen, die dazu nötig sind, die Arbeit selbst und das Verhalten am Arbeitsplatz so gesundheitsfördernd wie möglich zu gestalten. Das Betriebliche Gesundheitsmanagement hat für das Unternehmen und für den einzelnen Beschäftigten Auswirkungen und Vorteile.

BGM zielt darauf ab, die Belastung der Arbeitnehmer zu verbessern, um dadurch die Ressourcen des Einzelnen optimal zu nutzen und zu stärken. Vernünftige Arbeitsbedingungen und eine hohe Lebensqualität am Arbeitsplatz haben positive Auswirkungen auf die Gesundheit und vor allem auf die Motivation des Mitarbeiters. Dadurch fördern sie die Produktivität, die Qualität der Arbeit und die Innovationsfähigkeit des gesamten Unternehmens. Für Arbeitgeber und Arbeitnehmer entsteht so eine Win-Win-Situation, von der alle Beteiligten profitieren. Vor allem gewinnt das Unternehmen ein besseres Image, was seine Attraktivität als Arbeitgeber unmittelbar erhöht. Das Betriebliche Gesundheitsmanagement umfasst vorrangig die präventiven Bereiche wie die Suchtprävention, den Arbeitsschutz, die Betriebliche Gesundheitsförderung, die Personal- und Organisationsentwicklung. Es gibt aber auch korrektive Handlungsbereiche wie zum Beispiel das Notfall- und Krisenmanagement oder das Fehlzeitenmanagement.

Einerseits ist die Idee des Betrieblichen Gesundheitsmanagements aus der sogenannten Ottawa-Charta aus dem Jahr 1986 hervorgegangen. Sie zielte darauf auf, die Bevölkerung zu mehr Selbstbestimmung im Umgang mit der eigenen Gesundheit aufzurufen. Andererseits basiert sie auf dem betrieblichen Arbeitsschutz, der in Deutschland eine lange Tradition hat und der durch eine europaweite gesetzliche Initiative in den letzten Jahren noch verstärkt wurde. Bis heute gilt er in Deutschland als sehr professionell und institutionalisiert. Betriebliches Gesundheitsmanagement sollte ganzheitlich ausgerichtet sein. Das heißt, es umfasst die betriebliche Gesundheitsförderung, die Optimierung der Führungskultur, Aufgaben zur altersgerechten Gestaltung der Arbeitsbedingungen und die Maßnahmen zur besseren Vereinbarkeit von Beruf und Privatleben.

Bei der Einführung des Betrieblichen Gesundheitsmanagements steht zuerst eine Analyse der Gefährdung der Arbeitnehmer an, wobei Aspekte wie der Arbeitsschutz und die vorhandenen psychischen und physischen Belastungen zu beachten sind. Auch Fehlzeitenanalysen, Krankenkassenberichte, Gesundheitszirkel und ähnliche Maßnahmen dienen dazu, den aktuellen Stand des Unternehmens herauszufinden. Aufbauend auf der Analyse und der Bestandsaufnahme von allen bereits eingeführten Prozessen steht eine Weiterentwicklung des Betrieblichen Gesundheitsmanagements mit der Einführung von innovativen und zielführenden Ansätzen an. Typische Maßnahmen des Betrieblichen Gesundheitsmanagements sind zum Beispiel flexible Arbeitszeitmodelle wie Gleitzeit oder Sabbaticals, Veranstaltungen zur Förderung der Selbstverantwortung für die eigene Gesundheit, die Einführung von Kursen für Rückentraining, Laufgruppen oder Arbeits- und Gesundheitsschutz, eine gesundheitsbewusste Kantinenverpflegung und ein Betriebliches Wiedereingliederungsmanagement.

Damit Betriebliches Gesundheitsmanagement seinen Zweck erfüllt – nämlich dem Einzelnen dabei hilft, seine Gesundheit zu stabilisieren und zu verbessern, um seine Leistungsfähigkeit zu erhalten – muss es unbedingt auf die individuellen Bedürfnisse des Mitarbeiters zugeschnitten sein. Deshalb sollte Betriebliches Gesundheitsmanagement aus mehreren Bausteinen bestehen, die der Mitarbeiter nach Belieben und nach Bedarf wahrnehmen kann. Der Feel Good Manager nimmt hier erheblich Einfluss, denn er sollte das Ohr stets an der Mitarbeiterschaft haben und hören, was sich das Team wünscht und was es braucht. Liegen dazu keine Kenntnisse vor, sollte man in Workshops mit den Mitarbeitern herausfinden, wo der Schuh drückt und wo man optimieren kann. Nur wenn das Betriebliche Gesundheitsmanagement so gestaltet ist, dass es den Bedarf der Mitarbeiter trifft und von diesen angenommen wird, kann es helfen, die Gesundheit des Einzelnen zu verbessern.

Damit das gelingt, ist es wichtig, kontinuierlich über die laufenden Maßnahmen zu kommunizieren. Sowohl die Geschäftsleitung als auch der Feel Good Manager sind gut beraten, wenn sie regelmäßig Informationen an die Mitarbeiter verteilen, damit klar ist, wo das BGM gerade steht, an welchen Verbesserungen gearbeitet wird und welche Maßnahmen in Zukunft eingeführt werden. Die Kanäle der Kommunikation können sehr unterschiedlich sein. Es bietet sich zum Beispiel an, im Unternehmensmagazin zu kommunizieren, das Intranet zu nutzen, einen E-Mail-Verteiler anzulegen oder Poster und Flyer zu verteilen. Vor allem sollte bei der Einführung ein Kommunikationskonzept greifen, um alle Mitarbeiter in regelmäßigen Abständen zu informieren und um ihr Feedback einzufordern. Betriebliches Gesundheitsmanagement erfüllt nur dann seinen Zweck, wenn es von der Belegschaft genutzt wird. Dazu muss es bedarfsgerecht gestaltet sein, und es muss bekannt sein. Im Rahmen einer zielgruppengerechten Kommunikation ist demnach auch darauf hinzuweisen, welche Vorteile der Einzelne von der Teilnahme am BGM hat. Im besten Fall greift der Feel Good Manager gezielt einzelne Fälle heraus und spricht Kollegen direkt an, um sie über BGM in Kenntnis zu setzen und um die Vorzüge aufzuzeigen. Wenn zum Beispiel bekannt wird, dass ein Mitarbeiter häufig wegen Rückenproblemen krank zu Hause bleibt, kann der Feel Good Manager direkt Kontakt aufnehmen und den Besuch eines Rückenschule-Trainings vorschlagen. Sollte das erfolgreich sein, wird der geheilte Mitarbeiter unter Umständen weiter darauf achten, seinen Rücken zu stärken und sich zukünftig sportlich betätigen. Vor allem aber macht er vielleicht Werbung für die erfolgreiche Trainingsmaßnahme und zieht die Aufmerksamkeit von Kollegen auf die BGM-Maßnahme. So entsteht nicht nur ein unmittelbar positiver Effekt für die Gesundheit des betroffenen Mitarbeiters, sondern auch eine gewisse Werbe- und Sogwirkung durch die positive Rückmeldung, die ein begeisterter Mitarbeiter seinen Kollegen und der Geschäftsleitung gibt.

Zwischen dem Betrieblichen Gesundheitsmanagement und der Gesundheit des Einzelnen besteht also ein direkter Zusammenhang. Sofern es ein Mitarbeiter zulässt, kann er sehr gezielt die Maßnahmen des BGM nutzen und an Seminaren rund um Ernährung, Sport, Entspannung und Co. teilnehmen. Dadurch lernt er, besser auf sich und seine Gesundheit zu achten und aktiv etwas zur Optimierung des Gesundheitszustands zu tun. Unter Umständen lässt sich die Zahl der Krankheitstage dadurch reduzieren, mit ihnen sinken die Kosten für den Arbeitgeber aus krankheitsbedingten Ausfalltagen. Gleichzeitig steigt die Arbeitnehmerproduktivität, und der Einzelne wird sich in seinem Job wieder sehr viel besser und leistungsfähiger fühlen. Vor diesem Hintergrund haben Gesundheit und Gesundheitsmanagement im Betrieb sehr viel miteinander zu tun. Damit wird auch deutlich, wie ein Feel Good Manager hier Einfluss nehmen kann, denn seine Initiative ist bei der Einführung des Feel Good Management, bei der Weiterentwicklung und bei der eigentlichen Durchführung immer wieder gefragt. Er holt zum Beispiel Feedback aus der Belegschaft ein, um herauszufinden, was gewünscht und benötigt wird. Er findet heraus, wo noch Verbesserungspotenzial besteht, und er kann betroffene Mitarbeiter anhalten, direkt aktiv zu werden und eine Maßnahme für sich zu nutzen. Damit gibt das Betriebliche Gesundheitsmanagement einem Feel Good Manager ein vielfältiges Feld an Möglichkeiten an die Hand, um den Mitarbeitern etwas Gutes zu tun und um sie zu unterstützen, sich mehr und intensiver um ihre Gesundheit zu kümmern, um dadurch ihr Wohlbefinden bei der Arbeit unmittelbar zu erhöhen.

Mit dem Betrieblichen Gesundheitsmanagement ist ein weiterer wichtiger Bestandteil des Feel Good Managements vorgestellt. Du weißt jetzt, dass Feel Good Management ohne Betriebliches Gesundheitsmanagement kaum funktioniert. Du hast gelernt, wie ein begeisterter Feel Good Manager zum Vorbild für sein Team wird, weil er mit praxisnahen Tipps dabei hilft, im Alltag besser auf die Gesundheit zu achten. Du hast gelernt, dass man durch ein Gesundheitsmanagement gezielt auf die Bedürfnisse der Mitarbeiter eingehen kann und sie dazu anhalten kann, mehr auf die eigene Gesundheit zu achten und mehr für sich zu tun. So legt man ganz unmittelbar einen gewichtigen Grundstein dafür, sich auch in einem hektischen und anspruchsvollen Berufsalltag wohlzufühlen und die eigene Leistungsfähigkeit auch unter Belastung zu erhalten. Außerdem hast du mehr erfahren über den Zusammenhang zwischen dem Betrieblichen Gesundheitsmanagement und der Gesundheit des Einzelnen. Dabei ist immer dem Umstand Rechnung zu tragen, dass jeder Mitarbeiter individuell behandelt werden will. Für jeden gelten andere Maßstäbe bei der Ansprache und bei den gewählten Gesundheitsmaßnahmen, und diese Individualität ist für die Wirksamkeit und die Akzeptanz des Feel Goods von enormer Bedeutung.

Im nächsten Kapitel erfährst du mehr über das Potenzial, das ein solides Diversity Management birgt. Mitarbeiter sind unterschiedlich, und diese Unterschiedlichkeit will zum Wohl des Unternehmens genutzt werden. Ihr ist einerseits Rechnung zu tragen, andererseits profitiert eine Firma davon. Wie es einer Firma gelingt, für sich selbst die größten Vorteile aus der Unterschiedlichkeit ihrer Mitarbeiter zu ziehen und gleichzeitig eine breite Masse an Beschäftigten mit ihren individuellen Bedürfnissen anzusprechen, ist Teil des Diversity Managements, das sich vom Recruiting über das Personalmanagement bis zur Integration mehrerer Generationen und unterschiedlicher Kulturen zieht.

7. Warum Diversity Management ein Teil von Feel Good Management ist

Mitarbeiter aus unterschiedlichen Altersklassen und verschiedensten Kulturkreisen war in meinem bisherigen Unternehmen kein Thema gewesen – wie ich bei der näheren Beschäftigung mit Feel Good Management irgendwann erstaunt feststellte. Zwar war die Altersstruktur in meiner Firma ein wenig heterogen – immerhin gab es einige Auszubildende – aber im Prinzip handelte es sich um erfahrene Fach- und Führungskräfte, wobei die Führungskräfte überwiegend männlich und im Alter zwischen 40 und 50 Jahren waren. In diesem Alter brachten sie eine gewisse Führungs- und Lebenserfahrung mit, so dass ich ihnen den verantwortungsvollen Posten eines Abteilungsleiters gerne zutraute. Die Sachbearbeiter waren überwiegend weiblich, ebenso meine Sekretärin, auf die ich mich seit vielen Jahren fast blind verlassen konnte. Insgesamt, so befand ich, war das Team gut zusammengestellt und passte optimal zusammen – bis ich mich mit dem Ansatz des Diversity Managements beschäftigte, der mich sofort faszinierte.

Menschen aus verschiedenen Kulturen zusammenzubringen, sie zu motivieren, ihr Bestes zu geben, sie zu integrieren und ihnen in ihrer neuen Heimat ein privates, soziales und berufliches Umfeld zu schaffen, in dem sie sich wohlfühlen, sie in eine neue Kultur zu integrieren, Sprachkenntnisse zu vermitteln und sie zum gleichberechtigten Teil unserer Gesellschaft werden zu lassen, ist eine Herausforderung, die uns in den kommenden Jahren noch sehr beschäftigen dürfte. Schon nach der Lektüre der ersten Seiten zum Thema Diversity Management hatte ich das Gefühl, dass ich dazu etwas beitragen wollte. In meinem neuen Start-up habe ich die Theorie in die Praxis überführt. Hier arbeiten junge Menschen aus Syrien neben deutschen IT-Freaks und US-amerikanische Marketingprofis mit Digital Natives aus der Schweiz. Sie alle profitieren voneinander, sie lernen voneinander, und das ganze bunt gemischte Team hat bei der Arbeit enorm viel Spaß. Heute duftet es in der Küche nach Little India, morgen steht stilechtes amerikanisches Fast Food auf dem Tisch, übermorgen gibt es Frisches und Gesundes aus der Region. Gelebtes Diversity Management macht Spaß, und es bringt wohl jeden in seiner persönlichen Entwicklung weiter. Im nächsten Kapitel erfährst du mehr über Diversity Management und wie es zu der Philosophie von Feel Good beiträgt.

7.1 Warum reicht das klassische HR-Management heute nicht mehr aus?

Nach gängiger Definition versteht man unter Diversity Management die Anerkennung und Nutzung der Vielfältigkeit von Menschen in einem Unternehmen (31). Diversity Management zielt darauf ab, die individuellen Fähigkeiten, Haltungen, Eigenschaften und Kulturen von Menschen in einem Unternehmen zu identifizieren und zum Wohl des Unternehmens einzusetzen. Dass erfolgreiche Teams häufig heterogen zusammengesetzt sind, so dass sich Kompetenzen und Wertschätzung optimal ergänzen, ist hinlänglich bekannt. Wenn sich Kompetenzen ergänzen, so dass sich daraus Synergien ableiten lassen, ist das Ganze mehr als die Summe der Einzelteile. Im deutschen Sprachraum hat sich der Begriff des Diversity Managements seit Anfang der 1990er Jahre mehr und mehr durchgesetzt, so dass man heute vor allem in globalen Unternehmen von einer interkulturellen Managementkompetenz sprechen kann. Diversity Management geht in einem Unternehmen, das die Feel Good-Maßstäbe verinnerlicht hat, aber noch erheblich weiter. Es ist ein Erfolgsfaktor für Feel Good Management und ein Grund dafür, warum sich Menschen aller Altersklassen und Kulturkreise in einem so aufgestellten Betrieb wohlfühlen. Wer Diversity Management und Feel Good in einem Betrieb erfolgreich leben will, muss das klassische HR-Management weiterdenken. Aus reinem HR wird so ein People Management. Aber was heißt das in der Praxis?

Human Resource Management – oder übersetzt Personalmanagement – steht für das Gebiet der Betriebswirtschaftslehre, die sich mit dem Produktionsfaktor Arbeit und damit mit dem Personal beschäftigt. Die Kernaufgabe des Personalmanagements oder des Personalwesens ist die Bereitstellung der Ressourcen. Das heißt, es muss ausreichend Personal mit der erforderlichen Qualifizierung zum richtigen Zeitpunkt vorhanden sein (32). Personalmanagement der neuesten Generation bezieht sozialverträgliche und umweltverträgliche Aspekte ausdrücklich ein, um einen nachhaltigen Erfolg des Unternehmens sicherzustellen. Personalmanagement muss heute einen dauerhaften Beitrag zur Wertschöpfung des Unternehmens bringen. Dabei sind einerseits die Bedürfnisse der Anteilseigner zu berücksichtigen, andererseits aber auch die Bedürfnisse der Mitarbeiter. Wer Unternehmensziele erreichen will, schafft das nur mit den richtigen Maßnahmen und mit einer Personalplanung, die auf die Ziele abgestimmt ist und auf die Unternehmenskultur zugeschnitten ist. Modernes Human Resource Management sieht einen Mitarbeiter nicht nur als Faktor, um die Unternehmensziele zu realisieren. Es schließt vielmehr die Entwicklung der Mitarbeiter als eines der wichtigsten Assets eines jeden Unternehmens ein. Trotzdem genügt dieser moderne Ansatz von HR-Management noch nicht, um der Philosophie des Diversity Managements und des Feel Good Managements gerecht zu werden.

Technische Innovationen wie die fortschreitende Digitalisierung haben die IT-Branche in den letzten Jahren dazu gezwungen, sich zu einem Vorreiter für die nächste Generation des Human Resource Managements zu entwickeln (33). Die häufig zitierte digitale Transformation stellt viele Unternehmen vor enorme Herausforderungen. Die kontinuierliche Veränderung – der Change – wird zu einen Normalzustand, das klassische Personalmanagement ist kaum dazu geeignet, den Faktor »Arbeitskraft« so schnell zu wandeln und an die neuen Bedürfnisse anzupassen. Dadurch entstand ein Erfolgsfaktor, der über Sieg oder Untergang eines Unternehmens entscheidet: die Geschwindigkeit, sich an die Veränderungen der Umwelt anzupassen. Nur eine Firma, die die besten, die richtigen und die top-engagierten Mitarbeiter zum richtigen Zeitpunkt am richtigen Ort einsetzt, überlebt auf Dauer. Der so häufig zitierte Kampf um die besten Arbeitskräfte aller Altersgruppen und aller Qualifikationen ist in vielen Branchen längst angekommen und in vollem Gang.

Um diese begehrten Talente zu finden, an sich zu binden und zu fördern, ist mehr als das klassische Human Resource Management erforderlich. Es bedarf Entwicklungsmaßnahmen für die Mitarbeiter, die den ständigen Wachstumsprozess des Unternehmens begleiten und unterstützen. Erfolgreiche Mitarbeiter sollen und wollen sich weiterentwickeln und zu herausragenden Führungskräften reifen. Gründer und kleine Betriebe müssen ihr Personal darauf einschwören, vollen Einsatz zu bringen, ihre Fähigkeiten aufzubauen und auszubauen, damit ein Unternehmen von den Wachstumschancen am Markt profitiert. Wichtige Bestandteile des People Managements sind unter anderem effektive Methoden der Eignungsdiagnostik, Talentmanagement, Entwicklung der Führungskräfte, Beratung für Personaler und maßgeschneiderte Trainings für die Mitarbeiter. People Management greift in der digitalen Wirtschaft immer mehr um sich, denn es ist ein wichtiger Erfolgsfaktor, um junge und ambitionierte Mitarbeiter und Führungskräfte im Unternehmen zu halten, obwohl sie die freie Auswahl an herausragenden Arbeitsplätzen am Markt haben. Damit geht People Management Hand in Hand mit dem Ansatz des Feel Good Managements. Anders ausgedrückt: People Management funktioniert ohne Feel Good Management – doch Feel Good Management ist nicht denkbar ohne People Management. Ganz ähnlich verhält es sich mit dem Diversity Management, denn das richtige Management von Menschen aus unterschiedlichsten Altersgruppen aus verschiedensten Kulturkreisen trägt sehr dazu bei, dass sich ein Mitarbeiter in seinem Unternehmen rundherum wohlfühlt – und deshalb dort bleibt.

7.2 Wie profitieren Unternehmen von Generationskonflikten?

Wohl jeder ältere Mitarbeiter erinnert sich noch an eine Situation, in der er sich von einem Berufsanfänger irgendetwas erklären lassen musste. Wie schaut man sich zum Beispiel die Facebook-Seite des eigenen Unternehmens an? Wie arbeitet man schnell und effizient mit dem neuen IT-Programm? Was hat es mit dem mobilen Internet und der angesagten App im Smartphone auf sich? Und jeder Einsteiger erinnert sich genauso an die ersten Tage, Wochen und Monate im Büro, an denen man einer erfahrenen Fachkraft über die Schultern schauen durfte und fest davon überzeugt war, das alles niemals zu lernen, was der gestandene Kollege so virtuos beherrschte.

Situationen wie diese sind in den Unternehmen des Landes an der Tages-ordnung. Unabhängig davon, ob man einen Blick in die Produktionshallen der Industrie wirft, ob man in den Büros hinter die Kulissen schaut oder ob man in der Dienstleistungsbranche den Austausch mit dem Kunden aus nächster Nähe beobachtet: Alt lernt von Jung, Jung lernt von Alt.

Eine Voraussetzung muss allerdings erfüllt sein, damit das optimale Zusammenleben von Jung und Alt funktioniert. Neben der optimalen Kombination von Mitarbeitern aller Altersklassen muss der Wille bei allen Beteiligten vorhanden sein, sich offen aufeinander einzulassen, voneinander zu lernen und die Erfahrungen des anderen zu hören, zu verstehen und aufzunehmen.

Im beruflichen Alltag ist diese Bereitschaft leider nicht immer gegeben. Schnell tauchen dann Generationenkonflikte auf, die zum Schaden von allen Beteiligten und des ganzen Unternehmens sind. Junge Menschen bleiben unter sich, sie geben ihr digitales Wissen nicht weiter, und sind im Gegenzug auch nicht bereit, von den Erfahrungen der Älteren zu lernen. Deren Wissensstand ist nach einhelliger Meinung nicht mehr aktuell, überhaupt sind die Älteren ein wenig zurückgeblieben – jedenfalls nach der Einschätzung des Nachwuchses. Umgekehrt verhält es sich natürlich genauso, denn junge Leute haben keine Ahnung, sie sind faul, wollen früh Feierabend machen und sind nicht mehr bereit, sich zum Wohl der Firma zu engagieren. Vor-urteile gibt es also auf beiden Seiten mehr als genug, und wenn man sich darauf einlässt, verliert nicht nur der Einzelne daran, sondern das ganze Unternehmen.

Modernes Diversity Management als Teil des Feel Good Managements findet Wege, mehrere Generationen in einem Unternehmen erfolgreich zu verbinden. Natürlich lassen sich auch dort Generationenkonflikte nicht vermeiden. Doch wenn es gelingt, verschiedene Generationen miteinander zu vernetzen, profitieren davon alle Beteiligten. Wie das gelingt, machen manche Start-ups und IT-Unternehmen gerne vor. In regelmäßigen Dis-kussionsrunden bringt man junge und ältere Mitarbeiter zusammen. Bei Firmenveranstaltungen hat man die Gelegenheit, sich zwanglos und frei-willig auszutauschen und voneinander zu lernen. Vielleicht ergibt sich die

Chance, gemeinsam am Computer zu sitzen und das neue IT-Programm zusammen zu erkunden. Wichtig ist in dieser Situation, mit Vertrauen und Offenheit miteinander umzugehen und sich gegenseitig Wertschätzung zu geben. Das gelingt in einem von Feel Good geprägten Umfeld natürlich viel besser und leichter als in einer von Misstrauen und Kontrolle gekennzeichneten Umwelt.

Wichtig ist, dass man anfängliche Generationenkonflikte nicht unter den Tisch kehrt. Sie wollen ausdiskutiert werden. Das heißt, ein Unternehmen ist gut beraten, die Kommunikationsplattformen für einen offenen und konstruktiven Austausch bereitzustellen. Das können regelmäßige Infoveranstaltungen oder Mittagessen sein, aber auch andere Möglichkeiten sind gegeben und dürfen genutzt werden.

Die erfolgreiche Vernetzung von Generationen in einem Betrieb muss sich auch auf das Recruiting erstrecken. Angesichts des anstehenden demografischen Wandels werden die Mitarbeiter in den Unternehmen immer älter, und es kommen wenige junge Leute nach. Sie sind gut ausgebildet, sehr wahrscheinlich stammen einige von ihnen aus einem anderen Kulturkreis. Im Idealfall achtet man schon bei der Personalbeschaffung darauf, einen guten Mix aus Jung und Alt einzustellen. Deshalb sollten sich Personaler auch nicht scheuen, einem älteren Bewerber eine Chance zu geben, wenn dieser die nötigen Qualifikationen für eine vakante Stelle nachweist. Nicht immer muss ein Bewerber direkt von der Universität eingestellt werden, manchmal lohnt es sich auch, einem älteren Kandidaten den Vorzug zu geben, wenn dadurch die Altersstruktur im Betrieb wieder ins Gleichgewicht gerät. Je mehr es einem Unternehmen gelingt, alle Generationen miteinander zu vernetzen und den gegenseitigen Austausch anzuregen, desto mehr hat das gelebte Diversity Management eine Chance.

Führungskräfte und Management müssen hier übrigens mit gutem Beispiel voran gehen. Wenn in einem Unternehmen bekannt wird, dass man ältere Mitarbeiter durch Abfindungsprogramme loswerden will, trägt das nicht zu einem guten Ruf bei. Vor allem aber trägt es nicht dazu bei, dass sich Mitarbeiter ab einer gewissen Altersgruppe noch im Unternehmen wohlfühlen und sich voll und ganz für die Firma einsetzen. Vielmehr macht sich in dieser Situation eine Atmosphäre der Angst und Unsicherheit breit. Diese Faktoren stehen allerdings in direktem Widerspruch zu Feel Good Management als Erfolgsrezept. Auch an dieser Stelle gilt also, mit Vertrauen, Empathie und Wertschätzung auf den Mitarbeiter zuzugehen und ihm das Gefühl zu vermitteln, dass er ein wertvoller Bestandteil des Teams ist. Wenn es einer Führungskraft gelingt, einem älteren Kollegen das Gefühl zu geben, dass seine Erfahrung geschätzt wird, dass er wichtige Impulse für die tägliche Arbeit leistet und dass man ihn gerne so lange wie möglich im Unternehmen halten will, stehen die Chancen gut, dass sich dieser Mitarbeiter mit seiner ganzen Kraft zum Wohl des Betriebs einsetzt. Gelingt dies allerdings nicht, droht die Gefahr der so gefürchteten »inneren Kündigung«, bei der ein Arbeitnehmer nur noch Dienst nach Vorschrift macht. Damit steigt die Gefahr von krankheitsbedingten Fehlzeiten unmittelbar, sie verursachen dem Betrieb enorme Kosten. Schon aus wirtschaftlichen Gründen sollten Führungskräfte also unbedingt daran interessiert sein, ältere und erfahrene Teammitglieder zu halten und zu motivieren. Davon profitieren letztlich der Mitarbeiter selbst, das gesamte Team und das Unternehmen.

7.3 Warum gehört die Integration ausländischer Fachkräfte zu Feel Good?

Ein Mangel an Fachkräften aus Deutschland auf der einen Seite, ambitionierte und gut ausgebildete junge Leute mit Migrationshintergrund auf der anderen Seite: Diese Situation ist kennzeichnend für viele Branchen in Deutschland. Die IT-Branche gilt als einer der Vorreiter auf dem Gebiet der Integration von ausländischen Fachkräften, denn viele Unternehmen arbeiten hier schon heute mit Mitarbeitern aus Indien, aus den USA und aus der ganzen Welt zusammen. Digitalisierung und Automation erfordern nicht mehr zwingend die Anwesenheit an einem Arbeitsplatz in Deutschland, denn durch Internettelefonie, Videokonferenzen und Co. kann man sich sehr gut online vernetzen. Doch diese Trends auf dem Arbeitsmarkt machen es mehr denn je erforderlich, ausländische Fachkräfte aus unterschiedlichsten Kulturen zu integrieren. Hier hat sich in den letzten Jahren ein Schwerpunkt des Diversity Managements herausgebildet, das ein maßgeblicher Bestandteil von Feel Good Management ist. Unternehmen, die das verstanden haben und denen es gelingt, ihre ausländischen Mitarbeiter optimal zu integrieren, leben nicht nur den Feel Good Gedanken. Sie verschaffen sich einen Vorteil gegenüber anderen Firmen und dürften im Wettbewerb untereinander langfristig die Nase vorne haben. Aber warum funktioniert Feel Good Management auf Dauer kaum ohne die Integration von Mitarbeitern aus anderen Kulturen, und wie kann Feel Good Management in der Praxis dazu aussehen?

Wer als Arbeitnehmer aus einer anderen Kultur nach Deutschland kommt, hat nicht nur das Problem, sich sprachlich eingliedern zu müssen, eine Wohnung finden zu müssen, Behördengänge zu erledigen und seinen Platz im sozialen Leben zu finden. Es geht auch darum, sich an das Arbeitsleben in Deutschland zu gewöhnen, das vermutlich ganz anders aussieht als alles, was man von zu Hause aus gewohnt ist. Bei solchen Fragen kann ein Feel Good Manager steuernd eingreifen und viel dazu beitragen, dass sich ein Mitarbeiter aus dem Ausland schnell rundherum wohlfühlt an seinem neuen Arbeitsplatz.

Ein wichtiger Schritt ist es, sich zunächst um die Sprachkenntnisse des neuen Mitarbeiters zu kümmern. Wer noch nicht genügend Deutsch spricht, um sich hier zu verständigen, muss seine Kenntnisse sehr zügig ausbauen. Dabei helfen Sprachkurse, die eine Firma entweder selbst anbieten und durchführen kann oder mindestens vermitteln kann. Es ist hilfreich, wenn in solchen Kursen auch fachspezifische Begriffe vermittelt werden, die in einem Betrieb gebräuchlich sind. Auch eine Wohnung ist nötig, damit man sich am neuen Standort innerhalb kurzer Zeit zu Hause fühlt. Ein Feel Good Manager kann dazu beitragen, in den lokalen Internetportalen oder in den Zeitungen nach Wohnungen zu suchen. Viele Unternehmen mieten für ihre neuen Mitarbeiter dauerhaft oder vorübergehend Wohnraum zur Miete zu vernünftigen Preisen an und schaffen so die Basis für ein schönes wohnliches Umfeld nach Feierabend. Unterstützung bei Behördengängen ist eine weitere Leistung, die ein Feel Good Manager anbieten kann. Vielleicht steht er bereits in Kontakt mit den Ausländerbehörden vor Ort und ist dadurch gut vernetzt. Dadurch ist er in de Lage, einem neuen Mitarbeiter tatkräftig zu helfen und Behördengänge zu beschleunigen und zu vereinfachen.

Ein ganz wichtiger Punkt bei der Integration von Fachkräften aus dem Ausland ist es, auf die veränderte Kultur Rücksicht zu nehmen. Auf der einen Seite sollen diese Mitarbeiter gut in Deutschland integriert sein, auf der anderen Seite sollen sie ihren eigenen Hintergrund nicht vergessen. Ein erfahrener Feel Good Manager stellt sich darauf ein. Vielleicht bietet man im Unternehmen die Möglichkeit an, dass Mitarbeiter aus einem Kulturkreis einen gemeinsamen Bereich im Büro haben, in dem sie arbeiten und sich austauschen. Eine eigene Ecke für indische Kollegen, eine weitere Ecke für die US-amerikanischen Vertreter und die eine oder andere Insel für Mitarbeiter aus anderen Ländern lässt sich schon optisch sehr schön herrichten durch die Nationalfarben, durch kleinen Fähnchen auf den Tischen und Schränken oder durch andere sichtbare Highlights, die den Mitarbeitern das Gefühl geben, mit ihrer Kultur und ihrer Andersartigkeit willkommen zu sein. Schon kleine Gesten tragen viel dazu bei, dass sich jemand aus einem anderen Kulturkreis schnell in seiner neuen Heimat wohlfühlt. Auch eigene Treffen von Mitarbeitern mit Migrationshintergrund sind ein schöner Zug eines Unternehmens, der Diversität Rechnung zu tragen und die Möglichkeiten zum gegenseitigen Austausch zu fördern. Ergänzt man solche Runden um weitere Treffen mit den einheimischen Mitarbeitern, unterstützt man so die Vernetzung mit dem Rest der Belegschaft. Vielleicht bietet man einen zweiwöchigen Stammtisch auf freiwilliger Basis an, vielleicht kommen sportliche und kulturelle Veranstaltungen zum gegenseitigen Kennenlernen in Frage. Der Phantasie sind keine Grenzen gesetzt, wobei der Feel Good Manager immer einen wichtigen Aspekt beachten sollte: Jede Maßnahme sollte zum Bedarf der Mitarbeiter passen. Dabei ist wichtig zu betonen, welchen Profit der Einzelne aus der Teilnahme an solchen Veranstaltungen hat. Nur dann besucht man einen Stammtisch in der Freizeit und tauscht sich gerne mit den Kollegen aus. Nicht zu vernachlässigen ist außerdem, dass jeder Teilnehmer die Offenheit mitbringen muss, um sich auf die Kommunikation mit anderen einzulassen. Das ist besonders wichtig, wenn es sprachliche Barrieren gibt, die es zu überwinden gilt. Unter Umständen verständigt man sich in der ersten Zeit auf Englisch, doch gerade dann ist es ausschlaggebend, dass beide Seiten die Bereitschaft mitbringen, sich aufeinander einzustellen. Es bedarf einer gewissen Offenheit, aber auch einer großen Toleranz und einem hohen Maß an Vertrauen, um sich aufeinander einzustellen und um sich zu bemühen, in Zukunft gut miteinander zu arbeiten.

Die Integration von ausländischen Fachkräften ist auch beim Recruiting schon wichtig. Der Feel Good Manager kann darauf Einfluss nehmen, wie Vorstellungsgespräche ablaufen und wie man schon beim ersten Treffen mit dem potenziellen Mitarbeiter darauf einwirkt, eine entspannte Wohlfühlatmosphäre zu schaffen. Im Idealfall achtet man schon beim Vorstellungsgespräch darauf, dem Feel Good Aspekt Rechnung zu tragen und der Unterschiedlichkeit von Mitarbeitern aus verschiedenen Kulturkreisen gezielt zu begegnen. Wer das bereits während der Personalauswahl berücksichtigt, erhöht die Attraktivität als Arbeitgeber und wird dadurch als Unternehmen für Fachkräfte vieler Nationen interessant. In Zeiten eines zunehmenden Fachkräftemangels verschafft Diversity Management schon bei der Personalauswahl Vorteile im Wettbewerb, die global agierende Firmen unbedingt nutzen sollten.

Das sich verändernde Umfeld in der Berufswelt macht es heute nötig, Mitarbeiter aus allen Altersgruppen und aus unterschiedlichen Kulturen schnell in den Betrieb zu integrieren. Das Diversity Management setzt hier an und zielt darauf ab, ein Umfeld zu schaffen, in dem das gelingt. Damit hat Diversity Management einen enormen Anteil daran, eine Wohlfühlatmosphäre zu schaffen, in dem jeder Mitarbeiter sein volles Potenzial ausschöpft und sich gerne voll in die tägliche Arbeit einbringt. Diversity Management kann ohne Feel Good Management im Betrieb bestehen – doch Feel Good Management entfaltet seine volle Wirkung nur mit Diversity Management.

Du hast in diesem Kapitel einen vielversprechenden Ansatz kennengelernt, wie du die Andersartigkeit deiner Mitarbeiter zum Wohl deines Teams und deines Unternehmens nutzt. Das Kapital, das du in den Händen hältst, indem du die Vielfältigkeit als Kompetenzen, Erfahrungen und Kulturen gezielt einsetzt, um dein Unternehmen im Wettbewerb in Stellung zu bringen, ist enorm. Setzt du es gezielt ein, verschaffst du dir einen Wettbewerbsvorteil mit nachhaltigem Effekt, denn der Arbeitsmarkt der Zukunft wird durch Andersartigkeit geprägt sein. Es gilt, die Nachteile auszugleichen und die Vorteile in ihrer ganzen Bandbreite zu nutzen. Dazu leistet eine Wohlfühlkultur für alle einen nachhaltigen Beitrag.

8. Wie Feel Good das Employer Branding beeinflusst

Einen Mitarbeiter zum Fan meiner Firma zu machen – davon hatte ich bisher noch nie etwas gehört. Als Chef eines kleinen Unternehmens kannte ich den lokalen Bewerbermarkt für meine Branche ein wenig. Wenn Stellen zu besetzen waren, veröffentlichte ich Anzeigen beim Arbeitsamt und in den regionalen Zeitungen. Nach einigen Tagen gingen die ersten Bewerbungen ein, und in der Regel fanden sich einige aussichtsreiche Kandidaten dabei. Meist dauerte es nur wenige Wochen, bis der neue Mitarbeiter gefunden war und bis ein Arbeitsvertrag unterschrieben werden konnte. Ich konnte mich bisher also nicht darüber beschweren, keinen Zuspruch an Bewerbern zu finden.

Während ich allerdings langsam mit dem Thema Feel Good Management in Berührung kam, stieß ich auf ein weiteres Stichwort, das ich sehr faszinierend fand. Employer Branding hieß das Geheimnis hinter begeisterten Bewerbern und Mitarbeitern. Es sollte dazu dienen, jeden einzelnen Mitarbeiter zu einem Fan zu machen. Der Hintergrund schien einleuchtend. Auf der einen Seite sollte man damit langjährige Mitarbeiter an das Unternehmen binden. Auf der anderen Seite wollte man aber auch für Neueinsteiger attraktiv sein, damit sich die besten Fachkräfte um freie Stellen im Unternehmen bewerben. Unterstellte man, dass der beginnende Fachkräftemangel in vielen Branchen dazu führen würde, das gut ausgebildete und ehrgeizige junge Leute sich die Stellen in Zukunft aussuchen konnten, musste ein Weg gefunden werden, für Neueinsteiger als Arbeitgeber attraktiv zu sein und für die bereits vorhandene Belegschaft ebenfalls. Mit Employer Branding sollte das gelingen. Ich ging das Wagnis ein – und probierte die eine oder andere vielversprechende Maßnahme in meinem neu gegründeten Start-up aus.

Das Ergebnis ist mehr als überraschend. Obwohl mein Team heute nur aus wenigen Leuten besteht und wir nur wenige Stellen zu besetzen haben, können wir uns vor Anfragen von Bewerbern kaum retten. Verblüffend ist dabei, dass wir nicht einmal auf Fachmessen vertreten sind oder große Stellenanzeigen in den Medien schalten. Die Mund-zu-Mund-Propaganda funktioniert, so hat es den Anschein, und es sieht danach aus, als genieße unser kleines Unternehmen unter jungen High Potentials den besten Ruf. Tag für Tag gehen vielversprechende Bewerbungen bei uns ein, und obwohl wir erst ganz am Anfang unserer Entwicklung stehen, wollen viele junge Leute den Weg gemeinsam mit uns gehen. Interessant ist dabei, dass es sich nicht mehr um gestandene Führungskräfte von Format handelt, die ich früher bevorzugt eingestellt hätte. Offenbar sind wir als Start-up vor allem für die Generation Y (34) und die Generation Z sehr attraktiv, denn die große Mehrzahl der Bewerber gehören zu diesen beiden jungen Generationen. Aus den ersten Bewerbergesprächen habe ich sehr spannende Informationen mitgenommen. Konnte man vor wenigen Jahren einen Bewerber noch mit einem schicken Dienstwagen, einem großen Einzelbüro und einen teuren Smartphone locken, verursacht das gleiche Angebot bei jungen Leuten heute nur noch ein müdes Schulterzucken. Während früher kein Mitarbeiter an Homeoffice oder flexible Arbeitszeiten dachte, gehören solche Forderungen heute fast schon zum guten Ton …

Nach den ersten Bewerbergesprächen musste ich mir eingestehen, dass sich die Arbeitswelt von heute erheblich ändert. Doch als Chef eines kleinen Start-ups wollte und musste ich mich darauf einlassen – und muss nach einigen Monaten zugeben, dass hier eine Ursache für unsere Beliebtheit als Arbeitgeber liegen könnte. Heute versuchen wir, auf die individuellen Wünsche unserer jungen Mannschaft einzugehen und leisten dazu einen direkten Beitrag zu unserem Feel Good Management und unserem Employer Branding. Was man unter Employer Branding genauer versteht und wie es funktioniert, erfährst du im nächsten Kapitel.

8.1 Wie macht man Mitarbeiter zu Fans?

Wer heute fest im Berufsleben steht, erlebt den stetigen Wandel der Berufswelt seit vielen Jahren aus nächster Nähe. Vielleicht hat man in der Anfangszeit noch selbst mitbekommen, wie sich ein erfahrener Mitarbeiter über einen großen Dienstwagen freut, wenn er die nächste Stufe auf der Karriere-leiter nimmt. Vielleicht hat man selbst erlebt, wie motivierend ein größeres Büro mit einer Sekretärin sein kann, wenn man Abteilungsleiter wird. Doch heute bringen weder Dienstwagen noch Büro oder Handy einen Mitarbeiter dazu, die berühmte Extrameile zu gehen und sich noch mehr ins Zeug zu legen. Der Arbeitsmarkt hat sich gewandelt, und es scheint immer schwerer zu werden, die Mitarbeiterschaft noch zu motivieren. Als Berufstätiger hat man diese Entwicklung vielleicht sogar an sich selbst wahrgenommen und überrascht festgestellt, dass man weniger durch ein Smartphone der aktu-ellsten Generation zu motivieren ist als vielmehr durch flexibles Arbeiten im Homeoffice. Die Arbeitswelt ist also im Wandel, um diesen Wandel erlebt jeder Mitarbeiter Tag für Tag aktiv mit.

Verfolgt man die Bemühungen des eigenen Arbeitgebers aufmerksam, fällt vielleicht ein weiterer Trend auf. Man bemüht sich zunehmend, für die Mitarbeiter attraktiv zu bleiben, um die Fluktuation zu verhindern oder mindestens zu reduzieren. Vielleicht hat sich der Arbeitgeber sogar dem Konzept des Feel Good Managements verschrieben, so dass dieses Konzept im Unternehmen schon ein wenig verankert ist. Feel Good Management und Employer Branding gehören eng zusammen. Wer seine Mitarbeiter zu Fans machen will und deshalb auf eine Wohlfühlkultur setzt, trägt auto-matisch zu einer höheren Attraktivität als Arbeitgeber bei – so ist der ein-fache Zusammenhang (35). Vor allem jungen Berufseinsteigern ist ein an-genehmes Arbeitsumfeld in einer Wohlfühlkultur sehr wichtig. Die große Mehrzahl von jungen Absolventen schätzt eine positive Atmosphäre am Arbeitsplatz so bedeutend ein, dass vielversprechende Karrierechancen oder flexible Arbeitszeiten in den Hintergrund geraten. So erstaunt es nicht, dass Feel Good dem Arbeitskräftemangel entgegenwirken soll, der sich in vielen Unternehmen zunehmend bemerkbar macht. Feel Good Management will den Mitarbeitern einen wirklichen Mehrwert bieten. Ein Betrieb, der das Feel Good Management in seiner Unternehmenskultur verankert hat, wirkt im Vergleich zu anderen Firmen erheblich attraktiver. Dadurch steigt die Zahl der qualitativ hochwertigen Bewerbungen deutlich, und selbst bei einer Absage bewerben sich Mitarbeiter gerne erneut bei einer Firma, die sich dem Feel Good Management verschrieben hat. Der sprichwörtliche Wandel von

Arbeitgebermarkt zum Arbeitnehmermarkt macht eine Neuausrichtung des gesamten Unternehmens erforderlich, und Feel Good Management leistet dabei einen wesentlichen Beitrag. Es gilt als sehr werthaltiges Mittel, um vor allem die Schlüsselpositionen im Unternehmen mit hervorragend ausgebildeten Fach- und Führungskräften zu besetzen.

Feel Good Management kann also einen wesentlichen Beitrag leisten, um die Attraktivität als Arbeitgebermarke zu stärken. Wer seine Mitarbeiter zu Fans machen will, hat dazu das ganze Spektrum des Feel Good Managements zur Verfügung. Angefangen bei flexiblen Arbeitszeiten und mobilem Arbeiten über genügend kreativen Freiraum bei der Arbeit bis zu individuell gestalteten Arbeitsplätzen und den regelmäßigen kreativen Austausch mit den Arbeitskollegen reicht das Spektrum an Möglichkeiten. Es wird ergänzt durch eine vertrauensvolle Führungskultur, in der Wertschätzung und Verständnis keine leeren Worte sind. Welche Maßnahmen ein Unternehmen gezielt ergreift, um sich durch Feel Good Management eine starke Position als Arbeitgeber auf dem Markt zu erarbeiten, hängt natürlich ein wenig von der individuellen Empfindung des einzelnen Mitarbeiters ab. Deshalb wirkt Feel Good Management auf das Employer Branding erst dann mit vollem Erfolg, wenn es von jedem einzelnen Arbeitnehmer angenommen, akzeptiert und genutzt wird. Darum muss jede Maßnahme voll und ganz auf den einzelnen Mitarbeiter zugeschnitten sein und ihm einen spürbaren Mehrwert bringen. Wenn das der Fall ist, wird aus einem Mitarbeiter zuerst ein zufriedener Mitarbeiter und vielleicht bald danach ein begeisterter Mitarbeiter – und damit ein Fan, der für das eigene Unternehmen gerne Werbung betreiben wird.

Doch Feel Good Management beeinflusst das Employer Branding nicht nur im täglichen Betrieb. Um die Attraktivität als Arbeitgebermarke zu stärken, sind weitere Maßnahmen möglich. Sie erstrecken sich auch auf den gesamten Bewerbungsprozess und auf die Personalauswahl. Eine Positionierung als starke Arbeitgebermarke soll also nicht nur an einem angenehmen Arbeitsumfeld und einer entspannten Wohlfühlkultur ansetzen. Vielmehr gilt es, den gesamten Bewerbungsprozess darauf auszurichten, um sich als attraktiver Arbeitgeber für Bewerber aus allen Altersklassen zu positionieren.

8.2 Was hat eine innovative Rekrutierung mit Wohlfühlen zu tun?

Wenn ein Unternehmen vor einigen Jahren nach einem qualifizierten Mitarbeiter suchte, veröffentlichte man eine Stellenanzeige in den lokalen Tageszeitungen. Wurde an einem anderen Standort gesucht, wählte man eine Zeitung mit überregionaler Verteilung. Unter Umständen wurde das Arbeitsamt in die Suche eingebunden. Mit diesem begrenzten Umfang an Möglichkeiten gelang es häufig, eine vakante Stelle nach einiger Zeit zu besetzen. Mit der Verbreitung des Internets wurden Jobportale üblich. Heute gibt es allgemeine Portale, in denen man Fach- und Führungskräfte für alle Branchen findet, es gibt aber auch branchenspezifische Portale, in denen die Arbeitnehmer und Arbeitgeber aus bestimmten Branchen zusammentreffen. Das Internet spielt zunehmend eine große Rolle bei der Rekrutierung von neuen Mitarbeitern, so dass die örtlichen Zeitungen und auch das Arbeitsamt ein wenig an Bedeutung verloren haben.

Doch innovative Rekrutierungsmaßnahmen bieten noch viel mehr Potenzial, und sie wollen genutzt werden, wenn sich ein Unternehmen im Kampf um die besten Fachkräfte und Nachwuchskräfte behaupten will. Nicht zu unterschätzen ist auch, dass diese Rekrutierungsmaßnahmen auf das Feel Good Management ausgerichtet sein sollten, sofern sich ein Betrieb bereits zum Ziel gesetzt hat, die Wohlfühlkultur im eigenen Unternehmen zu verankern. Allerdings stellt sich die Frage, was innovative Rekrutierungsmaßnahmen mit einer Kultur des Wohlfühlens und mit dem Employer Branding zu tun haben?

Um am Arbeitsmarkt attraktiv für gut ausgebildete Nachwuchskräfte zu sein, bedarf es nicht nur der Veröffentlichung von ansprechenden Stellenanzeigen im Internet, in den Jobportalen und auf der eigenen Webseite. Es gilt vielmehr, das volle Potenzial von Social Media und Smartphone zu nutzen – und damit das Recruiting 4.0 mit allen Chancen zu nutzen. In der Praxis sieht das zum Beispiel so aus, dass man in der firmeneigenen App ein Bewerberportal schaltet. Vielleicht veröffentlicht man dort eine Stellenanzeige und erlaubt es dem Nutzer, sich mit wenigen Klicks darauf zu bewerben. Selbstverständlich stimmt man den Inhalt einer Stellenanzeige auf die Darstellung in der App und auf der mobilen Webseite ab. Das heißt in der Praxis, dass der Content plakativ, frisch, fröhlich und frech sein darf, wenn es zum Image des Unternehmens passt. Die Darstellung von Stellenanzeigen und das Einreichen der Unterlagen muss natürlich ebenfalls auf die Nutzung am mobilen Endgerät zugeschnitten sein. Die Einsendung von Zeugnissen und anderen Dokumenten muss deshalb online und digital erfolgen, einen Versand auf dem Postweg gibt es dann nicht mehr. Im Idealfall nutzt ein Unternehmen das ganze Potenzial, das ein digitaler Bewerbungsprozess bietet, denn er erspart den Versand und die Bearbeitung von Unterlagen wie Lebensläufe und Zeugnisse. Wer in der Nutzung von Social Media schon sehr erfahren ist, kann Bewerber in den sozialen Netzwerken ansprechen und sich in den gängigen Kontaktnetzwerken als attraktiver Arbeitgeber platzieren. Es ist beispielsweise problemlos möglich, Anzeigen in den Social Media zu schalten und geeignete Nutzer gezielt auf eine Vakanz anzusprechen. Das Potenzial eines vollständig digitalen Bewerbungsprozesses ist enorm, und die meisten Unternehmen sind hier erst ganz am Anfang ihrer Entwicklung. Die Möglichkeiten eines solche digitalisierten Bewerbungsprozesses werden heute vielfach noch nicht vollständig erkannt, und viele Betriebe sind hier noch nicht optimal aufgestellt.

Dabei vereinfacht und beschleunigt ein digitaler Bewerbungsprozess nicht nur den eigentlichen Ablauf. Er hilft auch dabei, sich als innovativer Arbeitgeber am Markt zu präsentieren. Es wirkt sich auf das Image aus, wenn ein Betrieb mit der Zeit geht und seine Bewerber digital anspricht. Ein Unternehmen, das diese Chance nutzt, wirkt innovativ, modern und zukunftsorientiert. Wenn der Rekrutierungsprozess gut durchdacht und clever gestaltet ist, verstärkt das das Image eines Unternehmens, sich in neuen Technologien auszukennen, diese zu nutzen und sich dadurch von der Konkurrenz abzuheben. Bei diesem Unternehmen arbeiten vor allem junge Menschen gerne, die noch ihr ganzes Berufsleben vor sich haben und die entsprechende Perspektiven suchen. Ein cleverer und innovativer Rekrutierungsprozess unter Einbindung der digitalen Netzwerke und der Social Media wirkt auf junge Bewerber sehr anziehend, denn er lässt vermuten, dass man die gleiche Sprache spricht. Ein potenzieller Mitarbeiter der Generation Y oder Z wird sich vermutlich eher für einen Betrieb entscheiden, der seinen Bewerbungsprozess in vollem Umfang auf die neue Technologie ausgerichtet hat als für eine Firma, die damit überhaupt nichts zu tun hat. Außerdem kommunizieren die Generation Y oder Z heute überwiegend digital. Wer also Zugang zu diesem Publikum haben will, muss die gleichen Medien wählen. Eine Stellenanzeige in Tageszeitungen wird von den Digital Natives vermutlich kaum wahrgenommen, eine Bewerbung auf analogem Weg ist schon gar nicht denkbar. Auch deshalb ist es sehr sinnvoll, den Rekrutierungsprozess digital zu entwickeln, um mit der jungen Generation in den Austausch gehen zu können.

Ein innovativer Bewerbungsprozess trägt außerdem entscheidend zu einer Wohlfühlatmosphäre im Unternehmen bei. Wenn sich ein Betrieb als innovativ und zukunftsorientiert präsentiert, gibt das eine gewisse Sicherheit. In diesem Unternehmen arbeitet man gerne, denn man darf davon ausgehen, dass es sich am Markt behauptet und dass das Arbeitsverhältnis dauerhaft Bestand hat. Dieses Gefühl der Sicherheit bedeutet vielen Mitarbeitern eine Menge, denn es geht einher mit Kalkulierbarkeit und Verlässlichkeit. Man arbeitet tendenziell bevorzugt in einer Firma, die auf die Zukunft vorbereitet ist und die sich auf Veränderungen einstellt und diesen mit Offenheit und Kreativität begegnet. Außerdem darf man davon ausgehen, dass ein innovativ aufgestelltes Unternehmen offen für weitere Veränderungen im Arbeitsleben ist, wenn es sich für einen digitalen Bewerberprozess geöffnet hat.

Ein durchdachtes Feel Good Management ist ein wichtiger Baustein für ein starkes Employer Branding. Es trägt dazu bei, alte und neue Mitarbeiter zu Fans zu machen. Gleichzeitig zahlt ein digitaler Bewerbungsprozess unter Nutzung aller Kanäle auf das Employer Branding ein. Allerdings darf auch eine Wechselwirkung zwischen einer starken Arbeitgebermarke und dem Feel Good Management nicht übersehen werden. Als Mitarbeiter fühlt man sich in einem Betrieb wohler, der offen ist für neue Technologien und der sich innovativ auf die Veränderungen der Arbeitswelt einstellt. Nicht nur für einen Bewerber ist ein solcher Betrieb attraktiv, wenn er sich für einen Arbeitgeber mit langfristigem Potenzial entscheidet. Auch die bestehende Belegschaft dürfte sich in einer Firma gut aufgehoben fühlen, die nach außen hin durch eine starke Arbeitgebermarke signalisiert, dass sie sich an den Markt und seine Gegebenheiten anpasst und dass sie mit der Zeit geht. Das gibt ein gutes Gefühl an Sicherheit, denn dieses Unternehmen vermittelt den Eindruck, dass es wandelbar ist und dauerhaft am Markt bestehen wird, selbst wenn dieser ständigen Veränderungen unterliegt.

Damit ist Feel Good Management zwar ein Modul mit großer Tragweite für eine stabile Arbeitgebermarke. Gleichzeitig trägt Employer Branding aber auch zu einer Wohlfühlkultur im Unternehmen bei. Beide Einflüsse stehen in einer Wechselbeziehung zueinander. Sie beeinflussen sich gegenseitig und können sich gegenseitig massiv verstärken, wenn man die Einflüsse erkennt und wenn man sie gezielt steuert.

8.3 Warum beeinflussen zufriedene Mitarbeiter den Bewerberprozess?

Voll motivierte Mitarbeiter wirken sich auf ihr Arbeitsumfeld positiv aus. Sie motivieren ihre Kollegen, sie verbessern das Arbeitsklima, und sie sind gerne gesehene Mitglieder im Team, weil sie insgesamt zu einer guten Stimmung beitragen. Doch ein motivierter und begeisterter Arbeitnehmer kann auch auf potenzielle Bewerber Einfluss nehmen – und dieser Effekt wird bisher von vielen Unternehmern eher vernachlässigt. Wenn Mitarbeiter neue Kollegen anwerben, profitieren davon alle Beteiligten – das Unternehmen bekommt einen fähigen und passenden neuen Arbeitnehmer, der Neuling wird von allen Kollegen nett aufgenommen und hat ein bekanntes Gesicht als Ansprechpartner in seinem neuen Wirkungsfeld, und der werbende Mitarbeiter freut sich, weil er seine Begeisterung nach außen tragen konnte und weil man seiner Empfehlung zur Einstellung des Neuen gefolgt ist. Wenn Mitarbeiter zu Fans werden, werden sie also gerne neue Leute an Bord bringen – und gerade aus diesem Grund sind ein starkes Employer Branding und Feel Good Management im Bewerberprozess so wichtig.

Wer von seinem Unternehmen begeistert ist, trägt dieses Gefühl gerne nach außen. Man unterhält sich im Freundes- und Bekanntenkreis über die Arbeit, man tauscht sich beim Sport aus, man spricht im Verein über die tägliche Arbeit. Hier fällt es besonders auf, wenn sich jemand äußerst positiv über seinen Arbeitgeber äußert, denn es ist vielfach eher üblich, schlecht über die Arbeit zu reden. Wer also die Vorzüge seines Betriebs in den Vordergrund stellt, wer erzählt, wie gut das Verhältnis zu den Kollegen ist, wer berichtet, dass der Arbeitgeber sich voll für sein Team einsetzt – der fällt auf und hebt sich im Gespräch oft von der breiten Masse ab. Anders ausgedrückt – ein begeisterter Mitarbeiter ist das optimale Aushängeschild und die perfekte Werbung für jedes Unternehmen. Er trägt das Image einer Firma nach außen, so dass in der Öffentlichkeit ein positives Bild in Erinnerung bleibt. Offenbar muss dieses Unternehmen eine Menge richtig machen, wenn sich einer der Angestellten so positiv über die Arbeit äußert, so lautet die verbreitete Meinung. Damit stärkt ein begeisterter Mitarbeiter die Position des Arbeitgebers im Kampf um neue Arbeitskräfte ganz unmittelbar. Er trägt durch seine positiven Erzählungen direkt zu einem starken Employer Branding bei.

Diesen Effekt kann man im Kampf um die besten Talente auf dem Arbeitsmarkt nutzen. Einige Firmen arbeiten bereits mit dem Instrument der Werbung von neuen Mitarbeitern durch Mitarbeiter. Dabei spielt es übrigens keine Rolle, ob es sich um einen früheren Mitarbeiter handelt oder ob ein aktueller Mitarbeiter aktiv wird. Wichtig ist nur, dass er ein positives Image verbreitet und dass er ein positives Bild seines Unternehmens zeichnet. Ein potenzieller Bewerber wird sich dadurch angesprochen fühlen. Er wird den Eindruck haben, dass es sich hier um einen attraktiven Arbeitgeber handelt, bei dem man gerne arbeitet. Das Interesse eines neuen und fähigen Mitarbeiters ist damit fast automatisch geweckt, und unter Umständen wird er diesem Unternehmen im Vergleich zu anderen Firmen bei einer Bewerbung den Vorzug geben. Dieses Potential sollte ein Unternehmen nutzen und noch viel stärker auf die Werbung durch Mitarbeiter setzen.

Ganz nebenbei hat diese Werbung einen weiteren großen Vorteil. Ein Mitarbeiter kann meist recht gut beurteilen, ob ein ihm bekannter Bewerber gut auf eine bestimmte Position passt. Er kann aufgrund seiner Erfahrung und seiner Kenntnis über den Betrieb eine recht solide Einschätzung treffen, ob ein bekannter Bewerber zu einer Stelle und in eine Abteilung passt. Entsprechend kann er von einer Bewerbung zu- oder abraten. Tendenziell verringert sich dadurch das Risiko einer Fehlentscheidung für alle Beteiligten. Deshalb profitieren am Ende alle Beteiligten davon, wenn begeisterte Mitarbeiter neue Mitarbeiter für ein Unternehmen gewinnen.

Ein durchdachtes Feel Good Management ist ein wichtiger Hebel, wenn man die Attraktivität eines Arbeitgebers gegenüber einem Kandidaten hervorheben will. Wer zum Beispiel begeistert berichtet, dass es in einer Firma ein innovatives Gesundheitsmanagement gibt, wenn es gemeinsame Unternehmungen mit Kollegen gibt, wenn man vertrauensvoll mit Vorgesetzten und Kollegen arbeitet und wenn man sich selbst ständig weiterentwickeln kann, zeichnet das Bild eines Unternehmens, in dem wohl jeder gerne arbeiten möchte. Ein plakativer Bericht aus der Praxis von einem Betroffenen wirkt dabei viel einprägsamer und überzeugender als eine schriftliche Darstellung oder die Ausführung des Personalchefs im Vorstellungsgespräch. Vor diesem Hintergrund kann niemand so positiv für ein Unternehmen Werbung machen wie ein begeisterter Mitarbeiter.

Wie eine »Mitarbeiter werben Mitarbeiter«-Kampagne in der Praxis aussieht, kann übrigens ganz unterschiedlich sein. Einige Unternehmen sprechen ihre Mitarbeiter gezielt an und machen auf die unternehmenseigene Bewerberseite aufmerksam. Andere Firmen loben sogar eine Prämie für eine erfolgreiche Vermittlung aus. Wieder andere sagen dem potenziellen Bewerber Vorteile zu, wenn er sich anwerben lässt. Gerade in kleinen Firmen mag eine solche Werbekampagne auch das eine oder andere negative Gefühl auslösen. Wer nämlich einen vielversprechenden Kandidaten empfiehlt, der am Ende doch nicht passt, hat vielleicht Angst, sich bei seinem Arbeitgeber einen schlechten Namen zu machen. Doch vor allem in mittelständischen und großen Unternehmen steckt in einer Werbekampagne durch Mitarbeiter ein erhebliches Potenzial, das eine Firma nutzen sollte, um sich im Kampf um die begehrten High Potentials abzuheben. Ein im Unternehmen verankertes Feel Good Management ist zum Beispiel ein gewichtiges Argument, das der werbende Mitarbeiter nutzen kann, um das positive Image seiner Firma noch zu unterstreichen.

9. Erfolgsmessung
und Feel Good sind kein Widerspruch

Wer in einem Unternehmen etwas Neues einführt, will den Erfolg der Maßnahme nachhalten – so hatte ich es in meiner Firma gehalten, und so sollte es in meinem Start-up sein. Bisher war ich mit der regelmäßigen Kontrolle gut gefahren, hatte ich doch in den meisten Fällen den Überblick über Kosten und Nutzen und konnte dadurch recht fundiert beurteilen, ob ich an einer Veränderung festhalten wollte oder ob ich nachkorrigieren musste.

Ich hatte also die Absicht, Feel Good Management in meinem Start-up zu verankern – und wollte selbstverständlich wissen, ob sich dieses wegweisende Konzept in irgendeiner Form auswirken würde. Die Kosten waren nicht unerheblich, es war ein gänzlich neuer Ansatz – das konnte schon bedeuten, dass man nach der Einführung noch einmal nachjustieren musste oder das eine oder andere ändern musste. Allerdings wurde mir schnell klar, dass die herkömmlichen Methoden der Erfolgsmessung hier kaum greifen würden. Vielleicht ließen sich die Kosten der Einführung noch beziffern, doch wie war es mit dem Nutzen? Zufriedene Mitarbeiter lassen sich schließlich kaum in nüchterne Zahlen fassen …

Als logische Folge setzte ich mich mit neueren Ansätzen der Erfolgsmessung auseinander. Ich beschäftigte mich zum Beispiel mit dem Gallup-Index oder mit der Erfolgsrechnung nach Corporate Happiness. Sehr ansprechend fand ich das Konzept des Gallup-Index, so dass ich dieses Tool für mein Unternehmen in der Praxis anwendete. Das Ergebnis war verblüffend, denn obwohl in meinem Start-up alle an einem Strang zogen und obwohl wir wirklich mit Herzblut bei der Sache waren, konnte ich die Mitarbeiterbindung schon nach kurzer Zeit durch die ersten Feel Good Maßnahmen noch weiter verbessern – wie mir die Ergebnisse des Gallup-Tools Q12 schon nach kurzer Zeit eindrucksvoll offenbarten …

In den folgenden Absätzen lernst du mehr darüber, und du erfährst, wie sich der Effekt von Feel Good leichter in Zahlen fassen lässt.

9.1 Wie misst man die emotionale Mitarbeiterbindung?

Wohl jedes profitorientierte Unternehmen kennt die Situation: Man überlegt, ob eine Neuerung im Betrieb eingeführt werden soll und stellt dazu Kosten und Nutzen gegenüber. Ob es sich um ein neues Produktionsverfahren, eine neue IT-Lösung, neue Hardware oder eine Maßnahme zur Steigerung der Mitarbeiterzufriedenheit handelt, ist dabei zweitrangig. Ein Unternehmen ist gezwungen, Gewinne zu erwirtschaften. Diese ergeben sich vereinfacht gesagt aus der Differenz der Einnahmen und der Ausgaben. Je höher die Einnahmen sind oder je geringer die Ausgaben sind, desto größer ist der Gewinn. Ein hoher Gewinn ist in gewisser Hinsicht der Garant dafür, dass ein Unternehmen langfristig am Markt besteht. Aus betriebswirtschaftlicher Sicht geht es also darum, den sogenannten Return on Investment – den ROI – so genau wie möglich zu ermitteln. Gerade das ist bei der Einführung des Feel Good Managements sehr schwierig (36).

Wer Feel Good Management in seinem Unternehmen verankern will, muss dazu über einen längeren Zeitraum Geld ausgeben. Doch wie verhält es sich mit dem Nutzen dieser Maßnahme? Profitorientierte Firmen wollen vor jeder Entscheidung Kosten und Nutzen in ein vernünftiges Verhältnis setzen, um erst danach zu entscheiden, ob man etwas verändert. Das ist gut und richtig so – doch wie soll man den positiven Effekt von Feel Good Management in Zahlen bewerten? Vor allem diese Herausforderung ist ein Grund dafür, warum Feel Good Management von vielen Unternehmen und auch von Führungskräften sehr kritisch bewertet wird. Vielleicht lassen sich Krankheitskosten noch in Zahlen fassen, doch schon bei der Abwanderung von Mitarbeitern und den Folgekosten für die Rekrutierung und Einarbeitung von neuen Fachkräften aufgrund hoher Fluktuation wird es sehr schwierig. Dennoch gibt es einige Ansätze, den Erfolg von Feel Good Management mit Zahlen zu bewerten.

Mitarbeiter, die sich einem Unternehmen verpflichtet fühlen, die gerne arbeiten gehen und die sich mit ihrem Betrieb und ihrer Arbeit identifizieren, haben keinen Grund, sich nach einem anderen Arbeitgeber umzusehen. Für Firmen, die seit jeher auf Mitarbeiterbindung setzen, kann dies sogar zum Problem werden, wenn es nicht gelingt, neue Mitarbeiter mit frischen Ideen zu gewinnen. Kämpft ein Betrieb dagegen mit ständiger Fluktuation, entstehen andere Herausforderungen. Jede Kündigung kostet Geld, denn sie führt dazu, dass ein neuer Mitarbeiter gewonnen und eingearbeitet werden muss. In vielen Unternehmen lassen sich die Kosten für den Bewerbungsprozess und die Zeit der Einarbeitung kaum in Zahlen bewerten. Dennoch gilt als Anhaltspunkt, dass eine hohe Fluktuation aus Kostengründen und aus Qualitätsgründen eher zum Nachteil einer Firma gereicht. Deshalb sollte jede Firma daran interessiert sein, die Fluktuation in einem überschaubaren Maß zu halten.

Die emotionale Bindung der Mitarbeiter an ihr Unternehmen ist ein wichtiger Faktor, denn wer hinter seinem Arbeitgeber steht, hat keinen Grund zu wechseln. Ein Vergleich der Mitarbeiterbindung vor und nach der Einführung von Feel Good Management ist demnach ein vielversprechender Ansatz, um den Erfolg der Maßnahme in Zahlen zu bewerten. An dieser Fragestellung setzt der Gallup Engagement Index an.

Der Gallup Engagement Index unterstützt Firmen dabei, die weichen Faktoren der Mitarbeiterbindung zu bewerten und zu steuern. Der Gallup Engagement Index ist eine Entwicklung der Gallup GmbH. Das Unternehmen mit Sitz in Berlin greift auf über 80 Jahre Erfahrung in der wissenschaftlichen Forschung zurück und hilft Firmen dabei, ihre Unternehmenskultur aufzubauen und zu entwickeln (37). Gallup deckt in seiner Betrachtung den gesamten Prozess der Mitarbeiterauswahl und der Entwicklung von Mitarbeitern und Führungskräften bis zu Bindung der Kunden und der Lieferanten ab. So soll langfristig eine messbare Wachstumssteigerung möglich sein, die sich auf Gewinn und Firmenwert erstreckt. Der Gallup Engagement Index soll letztlich dabei helfen, die weichen Faktoren der Mitarbeiterbindung in nüchternen Zahlen und in barer Münze zu bewerten.

Wissenschaftlicher Hintergrund des Ansatzes ist der sogenannte Microeconomic Path, den Gallup speziell zu diesem Zweck entwickelt hat. Dabei handelt es sich um ein Modell aus der Verhaltensökonomie, das dabei hilft, den Faktor Mensch in einer Firma zu verstehen und darauf aufbauend zu steuern. Auf der Basis des Modells sollen Unternehmen befähigt werden, eine Strategie zu finden und umzusetzen, um so ihren Unternehmenserfolg nachhaltig zu steigern. Die wissenschaftlich fundierten Untersuchungen sollen einen Beitrag dazu leisten, dass Firmen organisch wachsen und dauerhaft erfolgreich sind. Das Employer Engagement gilt weltweit als ein wegweisendes Konzept, die emotionale Mitarbeiterbindung zu beurteilen und zu steuern. Das dazu entwickelte Tool Gallup Q12 misst 12 Aspekte, die rund um den Arbeitsplatz anfallen und die man nachweislich zu wichtigen Unternehmenskennzahlen in eine Beziehung setzen kann. Das Tool hat sich in der Praxis bewährt und kann deshalb fundiert dazu beitragen, die Bindung von Mitarbeitern an ein Unternehmen zu messen.

Für einzelne Unternehmen ist der Engagement Index von enormer Bedeutung. Rund 15 Prozent der deutschen Arbeitnehmer sollen sich stark an ihr Unternehmen gebunden fühlen und mit Herzblut bei der Arbeit sein. Rund 70 Prozent üben dagegen eher Dienst nach Vorschrift aus, ein weiterer Anteil von 15 Prozent fühlt sich emotional nicht gebunden und hat im Grunde schon die Kündigung eingereicht, wie neuere Untersuchungen des Gallup Engagement Index belegen (38). Mit dem Tool »Q12« hat Gallup ein Instrument entwickelt, dass es jedem einzelnen Unternehmen erlaubt, die wichtigsten 12 Elemente zu bewerten, die unmittelbar am Arbeitsplatz entstehen und die die Bindung eines Mitarbeiters an das Unternehmen direkt beeinflussen. Das Tool ist für Firmen aller Größenordnungen und branchenunabhängig anwendbar. Folgt man den Ergebnissen der Studie, haben Firmen mit einer hohen Mitarbeiterbindung im Wettbewerb die Nase vorne. Die Fluktuation ist bei umsatzstarken Unternehmen um bis zu 25 Prozent geringer, die Fehlzeiten sind rund 37 Prozent geringer, und die Qualitätsmängel sind ebenfalls um 41 Prozent geringer, wie die neuesten Studien von Gallup belegen.

Die Quelle dieser Daten – die Gallup-Studie »Engagement Index Deutschland« – wird seit 2001 Jahr für Jahr für ganz Deutschland erstellt (39). Sie gibt übergreifend Auskunft, wie groß die emotionale Bindung der Arbeitnehmer in Deutschland ist und wie hoch die Motivation ausfällt. Die Studie ist nicht nur die umfassendste Studie zum Thema »Arbeitsplatzqualität« in ganz Deutschland, sie genießt in Fachkreisen auch einen außerordentlich guten Ruf. Ursprünglich diente sie als Bestandsaufnahme, um den »Faktor Mensch« in Deutschlands Unternehmen zu bewerten. Heute ist die Datenbasis so umfassend, dass sie zu Fragestellungen unterschiedlichster Art herangezogen wird, wobei es immer darum geht, den Einfluss der emotionalen Bindung der Mitarbeiter an ihr Unternehmen auf die Leistung und auf die Wettbewerbsfähigkeit zu beurteilen.

Wer also wissen will, ob sich die Bindung der Mitarbeiter an ein Unternehmen durch die Einführung von Feel Good Management verändert hat, findet mit dem Gallup-Index ein interessantes Tool dazu. Die emotionale Bindung des Teams an den Arbeitgeber soll sich durch Feel Good Management verbessern. Deshalb wäre eine Untersuchung vor der Einführung von Feel Good Management und danach sinnvoll. Im Idealfall wartet man mit der zweiten Analyse ab, bis sich Feel Good Management im Unternehmen etabliert hat und bis die meisten Maßnahmen erfolgreich und ohne größere Störungen laufen. Wichtig ist, dass die Mitarbeiterschaft die Bemühungen des Unternehmens wahrnimmt und dass der Bekanntheitsgrad von Feel Good Management entsprechend hoch ist. Ein Feel Good Manager kann dazu in der betrieblichen Praxis sehr beitragen. Der Vergleich des Gallup-Index vor und nach der Einführung von Feel Good Management soll belegen, ob sich das Team stärker an das Unternehmen gebunden fühlt. Das Tool kann regelmäßig im Abstand von ein bis zwei Jahren eingesetzt werden, denn so lassen sich korrigierende Maßnahmen schnell einleiten, um so auch dem Gedanken der zielgerichteten Steuerung der Mitarbeiterbindung gerecht zu werden.

9.2 Corporate Happiness –
Lässt sich Unternehmensglück messen?

Auf den ersten Blick scheint es unglaublich, dass sich der Erfolg eines Unternehmens an seiner »Happiness« – an seinem Glück – messen lässt. Das Konzept »Corporate Happiness« zeigt, dass Wachstum und Happiness zwei Seiten der gleichen Medaille sind und sich keinesfalls ausschließen müssen. Unternehmen, die das verinnerlicht haben, können ihr enormes Potenzial entfalten. Das Prinzip hinter Corporate Happiness ist denkbar einfach: Gesunde und erfolgreiche Menschen sind glücklich – und tragen dadurch zum Erfolg ihres Unternehmens bei (40).

An den US-amerikanischen Universitäten steht seit mehreren Jahren ein Thema im Mittelpunkt der Forschung, dessen Auswirkungen bis heute noch nicht voll und ganz zu bewerten sind. Das Geheimnis vieler erfolgreicher Menschen besteht in ihrer Gesundheit und in ihrem Glück – und in ihrer einzigartigen Fähigkeit, mit den Höhen und Tiefen des menschlichen Lebens besser umzugehen. Diese Menschen machen etwas anders als viele andere. Sie wissen, dass »Glücklich sein« kein Zustand von Dauer ist. In unserem Leben wechseln sich schöne und weniger schöne Phasen ständig an. Doch die richtige psychologische Einstellung hilft, sich nach einem Tief schneller zu regenerieren und die glücklichen Zeiten intensiver zu genießen. Das menschliche Gehirn spielt dabei eine enorme Rolle. Die moderne Hirnforschung verfolgt ebenso wie die Neurobiologie den interessanten Ansatz der Positiven Psychologie: Der Mensch kann »Glücklich sein« trainieren. Wissenschaftlich betrachtet wird unser Glück etwa zu 50 Prozent allein durch unser Erbgut beeinflusst. Zu zehn Prozent tragen äußere Faktoren dazu bei, dazu gehören zum Beispiel das Einkommen, ein Auto und der soziale Status. Doch zu 40 Prozent spielt die innere Einstellung eine große Rolle, ob wie glücklich sind oder nicht.

Aufbauend auf diesem Ergebnis stellt sich die Frage, wie ein Unternehmen vorgehen muss, um die Einstellung seiner Mitarbeiter in eine positive Richtung zu beeinflussen. Die wissenschaftliche Forschung geht davon aus, dass Geld oder andere Vorteile nur einen kurzfristigen Nutzen und eine vorübergehende Motivation bringen. Sobald man sich daran gewöhnt hat, nimmt man sie kaum noch wahr und hält nach dem nächsten Motivator Ausschau. Dennoch kann man die innere Einstellung der Mitarbeiter beeinflussen – und damit immerhin zu 40 Prozent darauf Einfluss nehmen, dass sich das Team glücklich fühlt!

An diesem Punkt setzt das Konzept von Corporate Happiness an. Ein Unternehmen, das in Zukunft bestehen will, muss in die persönliche Entwicklung und in die Entfaltung seiner Mitarbeiter investieren. Davon profitiert allerdings nicht nur das Unternehmen selbst, sondern auch der Einzelne! Eine vertrauensvolle Zusammenarbeit zwischen Führungskräften aller Ebenen und zwischen den Mitarbeitern ist dazu die absolute Voraussetzung, denn nur dann ist ein Wandel der Unternehmenskultur möglich. Bei Corporate Happiness geht es allerdings nicht darum, das Team zu noch größerer Leistung zu motivieren. Vielmehr soll ein Unternehmen von außen neue Impulse setzen, damit jeder Einzelne mitgestalten kann, einen Sinn in seiner Arbeit sieht und dadurch bereit ist, mehr Verantwortung zu übernehmen. Damit einher gehen soll letztlich eine Steigerung der Verbundenheit mit dem Unternehmen.

Corporate Happiness ist vor diesem Hintergrund eine optimale Methode, um einen Transformationsprozess in Unternehmen in Gang zu bringen, der auf die Entfaltung des Mitarbeiterpotenzials abzielt (41). Dazu muss jeder Einzelne ermutigt werden, sich intensiv mit seinem Potenzial zu beschäftigen. Er muss an sich selbst arbeiten und seine Möglichkeiten stetig ausbauen. Hinter Corporate Happiness steht die Chance, die Kräfte des Einzelnen und damit des gesamten Unternehmens zu aktivieren und gezielt zu nutzen (42). Letztlich steht Corporate Happiness für eine Änderung der Unternehmenskultur, die auf wissenschaftlich fundiertem Wissen basiert. Es gilt, das Wohlbefinden und die intrinsische Motivation des Einzelnen zu steigern, um damit seinen Erfolg zu erhöhen. Möglich ist das, indem man sich an den Bedürfnissen des einzelnen Mitarbeiters ausrichtet, um dessen Potenzial voll zu entfalten. Jeder Einzelne muss letztlich den Vorteil für sich selbst sehen und erkennen, um sich entsprechend für seine eigene Entfaltung und Entwicklung einzusetzen.

Methodisch gesehen setzt Corporate Happiness an einem Wechsel von interaktiven Arbeitsphasen und intensiven Workshops an. Jeder Mitarbeiter wird längere Zeit begleitet und steht auch mit seiner Gruppe in regelmäßigem Austausch, bis sich das Konzept im Unternehmen verfestigt hat. Die Umsetzung im Unternehmen beginnt meistens damit, dass man einzelne ausgewählte Mitarbeiter dazu qualifiziert, das Konzept der Corporate Happiness im Betrieb zu leben. Diese sogenannten Corporate Happiness Botschafter sind so etwas wie ein Werkzeug, um diese Kulturveränderung im Unternehmen zu verankern. Doch warum soll man diesen Aufwand eigentlich betreiben?

In vielen Unternehmen sind Fachkräftemangel, fehlende Motivation, schwache Mitarbeiterbindung und damit eine gewisse Angst vor der Zukunft wichtige Themen, die die Führungskräfte begleiten. Im Ergebnis entfaltet ein Unternehmen nicht das volle Potenzial seiner Mitarbeiter. Es fehlt an Begeisterung und Motivation, dem gegenüber steht eine zunehmende Arbeitsverdichtung und eine immer höhere Komplexität der Arbeitsabläufe. Wenn Aufgaben dann schlecht auf die Stärken der Mitarbeiter zugeschnitten sind, geht ein enormer Anteil ihres Potenzials verloren.

Corporate Happiness setzt hier an – und schafft Platz für das, was Psychologen gerne als »psychosoziale Gesundheit« bezeichnen. Sie kann dazu führen, fehlende Motivation der Arbeitnehmer auszugleichen. Sie kann ein mangelndes Engagement erhöhen und die Mitarbeiterzufriedenheit in ungeahnte Höhen schnellen lassen. Sie kann die Burnout-Raten verringern und sich damit unmittelbar auf die Gesundheit des Einzelnen auswirken. Hinter Corporate Happiness steht die Positive Psychologie, die auch mit dem Feel Good Management eng verbunden ist.

Damit wird auch klar, was Corporate Happiness mit Feel Good Management zu tun hat: Corporate Happiness ist ein wichtiger Bestandteil einer Wohlfühlkultur im Unternehmen. Glückliche Mitarbeiter führen zu einem glücklichen Unternehmen – und dadurch zu einem Unternehmen, das aus Krisenzeiten gestärkt hervorgeht und sich in guten Zeiten für die Zukunft wappnet. Zwar besteht Feel Good Management darüber hinaus aus Modulen wie dem Betrieblichen Gesundheitsmanagement oder dem Diversity Management. Doch ohne Corporate Happiness entfaltet Feel Good Management nur einen geringen Teil seiner vollen Durchschlagskraft.

Den Erfolg von Corporate Happiness sollte man nach einem Zeitraum von ein bis zwei Jahren nach der Einführung anhand von nüchternen betriebswirtschaftlichen Zahlen belegen können. Folgt man diesem Ansatz, dürften sich die Umsätze und die Gewinne erhöhen. Die Kundenzufriedenheit müsste in die Höhe gehen, die Produktqualität wird besser, die Zahl der technischen Innovationen steigt. Insgesamt trägt Corporate Happiness dazu bei, dass ein Unternehmen langfristig am Markt besteht, wie sich anhand von Gewinn- und Verlustrechnungen, von Bilanzen und Geschäftsberichten innerhalb eines überschaubaren Zeitrahmens eindrucksvoll nachweisen lassen sollte!

9.3   Corporate Happiness – Wie sieht das in der Praxis aus?

Dass Corporate Happiness mehr ist als ein werbewirksames Motto, zeigt sich am Beispiel der Upstalsboom-Gruppe sehr eindrucksvoll. Das Unternehmen hat sich vor einiger Zeit neu aufgestellt und konsequent an Corporate Happiness ausgerichtet. Wie Corporate Happiness in der Praxis aussieht, wird an dem Unternehmen aus der Hotel- und Freizeitbranche deutlich (43).

Die Upstalsboom GmbH ist in der Hotel- und Freizeitbranche ansässig und wird seit 1976 als Familienunternehmen geführt. Das Unternehmen aus Emden ist heute überzeugt, das Wertschöpfung nur durch Wertschätzung entstehen kann und ganzheitlich ausgerichtet sein muss. Zur Unternehmensgruppe gehören 41 Ferienwohnanlagen und zehn Hotels, sie verteilen sich entlang der Ostsee- und der Nordseeküste. Außerdem sind einige Dependancen auf den ostfriesischen Inseln beheimatet. Mit rund 700 Mitarbeitern gehört das Unternehmen zum deutschen Mittelstand.

Im Jahr 2007 war das Unternehmen wirtschaftlich durchaus erfolgreich, Jahr für Jahr konnte man Umsatzsteigerungen erzielen. Nach einem Wechsel in der Unternehmensführung sollte erstmals eine anonyme Mitarbeiterbefragung durchgeführt werden. Die Mitarbeiter sollten ihren Arbeitgeber bewerten und dafür Schulnoten vergeben. Das Ergebnis war bestürzend, es zeigte, wie dringend der Handlungsbedarf war: Die Noten lagen in einer Größenordnung zwischen vier und fünf. Die Geschäftsführung empfand dies als einen »Schlag ins Gesicht«, wie sie wörtlich ausführte. Der Anlass für eine grundlegende Änderung der Unternehmenskultur war gegeben. Er resultierte am Ende in einer streng an ökologischen und menschlichen Kriterien ausgerichteten Führung des Unternehmens. Im Fokus stand dabei die Konzentration auf die persönliche Entwicklung des einzelnen Mitarbeiters, um dadurch die Attraktivität als Arbeitgeber ebenso zu erhöhen wie die Servicequalität – unter Verbesserung der Wirtschaftlichkeit! Die Geschäftsführung zeichnete das Bild von einem zufriedenen Mitarbeiter als einem glücklichen Menschen. Das Glück der Mitarbeiter sollte also zukünftig im Vordergrund stehen. Die Vision erhielt den sprechenden Namen »Der Upstalsboom Weg«, bei dem vor allem die persönliche Weiterentwicklung der Mitarbeiter im Vordergrund steht. Das Unternehmen setzte zukünftig auf Führungsseminare in der Abgeschiedenheit eines Klosters, auf Weiterentwicklung, die an den persönlichen Lebensläufen ausgerichtet war, auf die Verankerung der Positiven Psychologie im gesamten Unternehmen und auf die Begleitung des Programms durch geschulte Corporate Happiness-Botschafter, die das Projekt langfristig begleiten sollten. Im Rahmen des Corporate Happiness-Programms haben einige Mitarbeiter die Ausbildung zum Corporate Happiness Beauftragten auf freiwilliger Basis absolviert. Nach der Einführung im Unternehmen wurde das Team längere Zeit durch einen erfahrenen Trainer begleitet, um den nachhaltigen Transfer des Erlernten in die Praxis zu sichern.

Als größten Nutzen nennt das Unternehmen heute rückblickend die Steigerung der Mitarbeiterzufriedenheit, doch das ist noch nicht alles. Damit verbunden konnte eine Steigerung des Umsatzes, eine verringerte Fluktuation, eine Reduzierung der krankheitsbedingten Ausfalltage und ein Anstieg der Bewerbungen nachgewiesen werden. Das Projekt lief von 2011 bis 2014. Bei den quantifizierbaren Effekten handelte es sich also nicht um kurzfristige Bewegungen, sondern um langfristig messbare Auswirkungen. Innerhalb von vier Jahren hat das Unternehmen den Umsatz verdoppelt. 50 Prozent dieses Wachstums führt die Unternehmensleitung direkt auf die Maßnahmen aus dem »Upstalsboom Weg« zurück, die zu einer unmittelbaren Steigerung der Leistungsbereitschaft geführt haben. Die Krankheitsquote wurde nachweislich von sieben Prozent auf drei Prozent verringert. Die Zufriedenheit der Mitarbeiter konnte auf 80 Prozent angehoben und um 30 Prozent gesteigert werden. Noch erfreulicher war die Weiterempfehlungsrate der Gäste, sie stieg von 92 Prozent auf nunmehr 98 Prozent. Ebenso beeindruckend war der Anstieg der Bewerberzahlen, er wurde mit unglaublichen 500 Prozent angegeben. Das Konzept der Corporate Happiness hat sich bei der Upstalsboom-Gruppe voll durchgesetzt – der Erfolg ist sowohl nach innen als auch nach außen bis heute spürbar. Heute ist die Unternehmensführung mit den Ergebnissen der Mitarbeiterbefragung und mit der Entwicklung des Unternehmens sehr zufrieden. Die ausgebildeten Corporate Happiness-Botschafter haben hervorragende Arbeit geleistet und werden das Thema auch in Zukunft im Unternehmen verankern.

9.4 Was hat Wertschöpfung mit Wertschätzung zu tun?

Wer den Erfolg von Feel Good Management messen will, hat dazu so wichtige Instrumente wie den Gallup-Index an der Hand. Dabei darf ein bedeutender Zusammenhang nicht in Vergessenheit geraten: Wertschöpfung und Wertschätzung stehen in einer engen Verbindung miteinander. Ökonomisch betrachtet kann Wertschöpfung sehr gut ohne Wertschätzung entstehen. Doch erst die Verbindung von Wertschöpfung und Wertschätzung bringt den maximalen Effekt – jedenfalls aus Sicht des Feel Good Managements. Doch warum ist das so?

Im Feel Good Management spielen Faktoren wie gegenseitiges Vertrauen und konstruktive Zusammenarbeit eine enorme Rolle. Wenn ein Mitarbeiter täglich in einem angenehmen Umfeld arbeitet und sich am Arbeitsplatz unter seinen Kollegen rundherum wohlfühlt, trägt das maßgeblich zu einer Atmosphäre des Feel Good bei. Der Wertschätzung durch Kollegen und vor allem durch Vorgesetzte kommt dabei eine maßgebliche Bedeutung zu.

Wer Wertschätzung durch einen Vorgesetzten und durch seine Kollegen erfährt, ist bereit, mehr zu leisten und sich über das erforderliche Maß hinaus zu engagieren. Man arbeitet dann freiwillig etwas mehr als notwendig, die berühmte »Extrameile« wird dann gerne absolviert. Der Mitarbeiter hat einfach Spaß daran, sich voll einzubringen und für sein Unternehmen die volle Arbeitsleistung zu erbringen. Damit steigt die Wertschöpfung aber ganz unmittelbar.

In der Praxis kann das zum Beispiel wie folgt aussehen: Für einen wichtigen Neukunden ist eine Produktpräsentation zu erstellen. Die Zeit drängt, der Termin mit anschließender Vertragsverhandlung steht schon bald an. Wenn ein Mitarbeiter bei der Bearbeitung dieser Präsentation nun lediglich den gefürchteten »Dienst nach Vorschrift« leistet und pünktlich Feierabend macht, weil er sich von seinem Abteilungsleiter nicht geschätzt fühlt und diesem vielleicht sogar schaden will, besteht die Gefahr, dass die Präsentation nicht pünktlich fertig wird oder in einer schwächeren Qualität abgeliefert wird. Dieser Mitarbeiter ist dann einfach nicht bereit, sich über das normale Maß hinaus zu engagieren. Wird er von seinem Vorgesetzten dagegen regelmäßig gelobt und fühlt er sich am Arbeitsplatz wohl, ist die Chance viel größer, dass er diese Präsentation mit Leidenschaft und Begeisterung macht. Sie wird pünktlich fertig sein, und sie dürfte auch sehr ansprechend aussehen, um den Kunden rundherum zu überzeugen und zu fesseln. In diesem Szenario trägt Wertschätzung unmittelbar zur Wertschöpfung bei. Die Liste solcher Situationen ließe sich beliebig erweitern, und wohl jeder Abteilungsleiter hat schon einmal die Erfahrung gemacht, dass ein kleines Lob zum richtigen Zeitpunkt einen Mitarbeiter zu ungeahnten Leistungen anspornt. Obwohl sich ein direkter Zusammenhang zwischen Wertschätzung und Wertschöpfung nur schwer herstellen lässt und schon gar nicht mit harten Zahlen zu belegen ist, dürfte die Erfahrung vieler Führungskräfte bestätigen, dass Wertschätzung der Schlüssel für motivierte Mitarbeiter ist, die sich über das normale Maß hinaus für ihren Arbeitgeber einsetzen. Wertschöpfung kann deshalb zwar ohne Wertschätzung entstehen, doch erst in Verbindung mit

Wertschätzung erreicht sie eine Größenordnung, die den Erfolg des Unternehmens für viele Jahre sichert.

Du hast nun ein weiteres Kapitel von Feel Good Management kennengelernt. Du hast erfahren, wie du die Wirkung von Feel Good im Unternehmen prüfst und misst. Dir ist klar geworden, dass es einerseits sehr innovative und durchdachte Verfahren gibt, um die Zufriedenheit der Mitarbeiter zu ermitteln und mit Zahlen, Daten und Fakten zu belegen. Aber du hast auch einen Eindruck bekommen, wie schwer es in der Praxis ist, die Wirkung einer Wohlfühlkultur in einem Unternehmen mit Zahlen aus der Betriebswirtschaftslehre zu bewerten. Auf der einen Seite ist es also sehr sinnvoll, wenn du Tools wie den Gallup-Index kennst und in deinem Unternehmen anwendest. Auf der anderen Seite lohnt es sich, Feel Good Management nicht nur mit harten Zahlen zu bewerten, sondern deine Menschenkenntnis zu befragen! Dabei hilft dir das folgende kleine Experiment: Bedanke dich bei einem Mitarbeiter, den du normalerweise nicht so sehr im Fokus hast, nach einem langen Arbeitstag einmal ganz ohne besonderen Grund oder Anlass – und achte auf seine Reaktion! Du darfst ziemlich sicher sein, dass er am nächsten Tag viel motivierter zur Arbeit kommt und bereit ist, sich mehr zu engagieren, als das in der letzten Zeit der Fall war. Damit hast du den besten Beweis erbracht, dass Wertschätzung unmittelbar zur Wertschöpfung beiträgt. Selbst wenn du den Effekt nicht unmittelbar messen kannst, wirst du ihn intuitiv spüren, wenn du deinen Mitarbeiter beobachtest!

10. Megatrends der Arbeitswelt 4.0 – So arbeiten wir morgen

Bis hierher habe ich dir viel erzählt über meine Erfahrungen als Unternehmer – angefangen in meinem Einzelunternehmen über meine Insolvenz bis hin zur Gründung meines Start-ups. Ich habe dich mitgenommen auf meiner Reise zu einem neuen und vielversprechenden Konzept mit dem schönen Namen »Feel Good Management«. Ich habe dir berichtet, wie es mir ergangen ist, als ich meine kleine Firma ganz im Sinne der Wohlfühlkultur aufgebaut habe. Nun möchte ich dir noch meine Beobachtungen schildern, die sich auf unsere Zukunft beziehen. Die Arbeitswelt von morgen wird mit unserer heutigen Welt kaum noch vergleichbar sein – davon bis ich fest überzeugt. Die Arbeitswelt 4.0 ist gekennzeichnet durch sich immer wieder neu ergebende Teams, die sich in einem schnell verändernden Umfeld zusammenfinden müssen. Sie ist bestimmt durch weitere Arbeitsverdichtung, die sich nur durch Mobilität und Flexibilität bewältigen lässt. Vor allem ist sie gekennzeichnet durch ein hohes Maß an Digitalisierung, denn gerade sie macht möglich, was bis vor wenigen Jahren undenkbar erschien.

Mein Team genießt die Vorzüge des flexiblen und mobilen Arbeitens. Wer möchte, kann mehrere Tage in der Woche von zu Hause aus arbeiten. Die Arbeitsplätze sind mit schnellem Internet ausgestattet, große Schreibtische mit riesigen Schränken für Aktenordner gibt es nicht mehr. Meine Mitarbeiter arbeiten in der Kaffeeküche zusammen, sie tauschen sich mit anderen Teams in den Pausenecken aus und holen sich dort Anregungen für die eigene Arbeit. Fast regelmäßig findet eine Zusammenkunft mit den Mitarbeitern anderer Start-ups statt, so dass man voneinander lernen kann und sich gegenseitig bei der Weiterentwicklung unterstützt.

Ich denke, dieser Trend wird weitergehen. Feel Good Management wird in unserer Arbeitswelt von morgen eine große Rolle spielen, und deshalb bin ich froh, die Wohlfühlkultur schon heute in meinem Unternehmen verankert zu wissen. Mit meinem gesamten Team habe ich von Feel Good Management profitiert, und wir sehen heute der Arbeitswelt 4.0 mit Spannung, aber auch mit Gelassenheit entgegen. Wir freuen uns auf die Zukunft, die für unser Start-up mit Sicherheit noch viele schöne Erlebnisse und Erfolge bereit hält, denn wir sind auf den Wandel vorbereitet und passen uns der sich immer wieder ändernden Umwelt stromlinienförmig an. Ich bin heute dankbar für die Erfahrung des Scheiterns, die ich mit meinem ersten Unternehme machen durfte und bin sicher, dass ich es im zweiten Versuch besser machen werde!

10.1 New Work – Wie sieht unsere Arbeit in Zukunft aus?

Über die Arbeitswelt von morgen wurde schon viel geschrieben, und es steht zu erwarten, dass die Flut an Ausarbeitungen in absehbarer Zeit nicht abreißt. Relativ sicher scheint, dass unsere moderne Arbeitswelt durch die Kriterien Flexibilität und Mobilität gekennzeichnet ist.

Flexibel sein heißt, sich auf die Veränderungen aus der Umwelt immer wieder neu einzustellen. Eine Firma muss sich anpassen und sich ständig weiterentwickeln, wenn sie nicht irgendwann vom Markt verschwinden will. Auch für den einzelnen Mitarbeiter heißt das, sich sehr schnell zu verändern. Die Philosophie des lebenslangen Lernens ist mehr denn je zu einer Begleiterscheinung geworden, der sich kaum ein Berufstätiger entziehen kann. Es gilt, die eigenen Qualifikationen sehr schnell anzupassen, um den immer wieder neuen Arbeitsinhalten gerecht zu werden. Die bekannte Organisation in Abteilungen dürfte ebenfalls weitgehend überholt sein. Man arbeitet schon heute in Teams zusammen, die sich je nach Aufgabenstellung finden und nach dem Ende wieder neu zusammensetzen. »Projektarbeit« lautet das Stichwort, das besagt, dass man nur noch zeitlich begrenzt mit bestimmten Kollegen arbeitet, um sich dann wieder auf ein neues Team einzustellen. Trotzdem heißt es, vom ersten Tag an gemeinsam Höchstleistungen zu bringen, damit das Unternehmen die erwarteten Ergebnisse erzielt.

Ganz ähnlich verhält es sich mit der Mobilität. Es ist heute keine Seltenheit mehr, dass ein Mitarbeiter wegen seiner Arbeit seinen Heimatort verlässt.

Viele Menschen wünschen sich das, andere nehmen es in Kauf, weil sie Karriere machen wollen. Wieder andere haben keine Wahl, wenn sie überhaupt einen Arbeitsplatz finden wollen. In vielen Jobs sind häufige Dienstreisen ans andere Ende der Welt oder wenigstens innerhalb Europas an der Tagesordnung. Wer viel unterwegs ist, sucht unterwegs Ruhezonen, um E-Mails zu bearbeiten oder Post zu lesen. Das mobile Arbeiten wird in unserer Arbeitswelt von morgen noch viel mehr an Bedeutung gewinnen. Das heißt, dass man sich als Arbeitnehmer daran gewöhnen muss, mit Laptop, Smartphone und mobilem Internet umzugehen, von zu Hause oder unterwegs zu arbeiten und sich immer wieder neu auf die sich verändernde Arbeitsumwelt einzustellen.

Während der eine solche Veränderungen schnell verkraftet, wird der andere damit Schwierigkeiten haben und vielleicht sogar scheitern. Gerade deshalb gewinnt Feel Good Management in Zukunft noch viel mehr an Bedeutung. Es hilft dabei, jedem einzelnen Mitarbeiter Sicherheit zurückzugeben, wo diese vielleicht verloren gegangen ist. Es unterstützt dabei, den Austausch mit Kollegen und Vorgesetzten zu erhalten, obwohl die äußeren Umstände durch eine fehlende Bindung an einen festen Arbeitsort oder einen Arbeitsplatz verloren geht. Es verleiht ein Gefühl von Geborgensein und Wertschätzung, obwohl man im Arbeitsalltag nur wenig Zeit miteinander verbringt. Die moderne Arbeitswelt ist durch viele Herausforderungen gekennzeichnet, doch in einem Unternehmen, das sich einer Wohlfühlkultur verschrieben hat, wird auch diese Art der Arbeit Spaß machen und begeisterte Mitarbeiter zu Höchstleistungen motivieren.

10.2 Welche Rolle spielt die digitale Transformation?

Bei aller Unterschiedlichkeit gibt es ein zentrales Thema, das Start-ups ebenso beschäftigt wie Wachstums- und etablierte Unternehmen: Digitalisierung heißt das Stichwort, das in den letzten Jahren erhebliche Auswirkungen auf nahezu alle Branchen hatte und das in Zukunft noch zu großen Veränderungen führen wird.

Typische Beispiele für die digitale Transformation sind für den Endkunden die Nutzung von Smartphone und mobilem Internet. Für ein Unternehmen führt dieser Wandel zur Einführung von digitalen Technologien in der Produktion, im Vertrieb und Verkauf, in der Buchhaltung und im Personalwesen. Mitarbeiter arbeiten mit Laptops und Tabletts, Vertrieb und Marketing laufen über die sozialen Netzwerke und über Onlineshops, die Verarbeitung von Big Data sorgt für Kunden- und Verkaufsanalysen zur gezielten Entwicklung von neuen Produkten, und durch die Internettelefonie spart man sich die eine oder andere Dienstreise ans andere Ende der Welt, um nur einige Beispiele zu nennen. Neue Technologien helfen dabei, sich effektiv auf der ganzen Welt zu vernetzen. Die Kommunikation wird zunehmend automatisiert, gleichzeitig werden Mitarbeiter und Unternehmen flexibler und schneller.

Dieser hohe Grad an Automatisierung birgt ein enormes Potenzial für Firmen, die sich darauf einstellen. Wer die Digitalisierung zu nutzen weiß und vielleicht sogar eine Geschäftsidee entwickelt, die eng damit verbunden ist, hat die Perspektive, langfristig am Markt zu bestehen und kontinuierlich zu wachsen. Doch die digitalen Innovationen müssen immer schneller entwickelt werden, um erfolgreich zu sein, sind Neuerungen in immer kürzeren Abständen erforderlich, und sie alle müssen bis zur Marktreife begleitet werden, um von begeisterten Kunden gekauft zu werden. Letztlich digitalisiert sich dadurch der gesamte Arbeitsmarkt, mit ihm entsteht die Arbeitswelt von morgen.

Doch dieser digitale Wandel betrifft den Mitarbeiter ganz unmittelbar. Er muss lernen, neue Technologien zu nutzen und sicher anzuwenden. Er muss versiert sein im Umgang mit Smartphone und mobilem Internet, mit Tablett und Co., er muss neue Produktionsverfahren lernen und seine Kenntnisse fortlaufend ausbauen. Dabei ist es wichtig, mit dem enormen Tempo der Digitalisierung mitzuhalten. Was heute noch angesagt war, ist morgen nicht mehr aktuell und übermorgen völlig veraltet – und dieser enorm schnelle Wandel macht vielen Menschen Angst. Angst allerdings führt schnell zu Überforderung, zu gesundheitlichen Probleme bis hin zu Depressionen und Burnout. Vor diesem Hintergrund ist auch zu erklären, warum sich die Fälle von Berufsunfähigkeiten und Erwerbsunfähigkeiten aufgrund von Burnout und Depressionen ständig vermehren. Der technische Wandel führt leicht zu einem Gefühl der Überforderung, die wiederum auf Dauer einen Burnout nach sich ziehen kann – so ist der einfache und erschreckende Zusammenhang, den vor allem Ärzte und Krankenkassen gerne propagieren.

Eine Kultur des Vertrauens und des Wohlfühlens ist deshalb für viele Mitarbeiter besonders wichtig, um in dem stetigen und sehr schnellen Wandel zu bestehen. Wenn es einer Firma gelingt, die Belegschaft mitzunehmen auf diesem Weg und jedem Einzelnen das Gefühl zu geben, sich vertrauensvoll auf neue Techniken einlassen zu können und auch Fehler machen zu dürfen, hat man sehr viel erreicht. Feel Good Management kann enorm dazu beitragen, eine solche Kultur zu schaffen, um damit dem Einzelnen das Gefühl zu geben, dass er diesen Wandel meistert. Damit legt man die Basis, dass Mitarbeiter auch bei hohen Belastungen gerne zur Arbeit gehen und mit Freude bei der Sache sind.

10.3 Die schöne Bürowelt 4.0 –
ein Fall für Feel Good Management?

Kleine Schreibtische mit schneller Internetanbindung, Küchen mit Kaffeemaschinen der Luxuskategorie, Projektecken für den informellen Austausch und schicke Besprechungsräume für formelle Meetings: So sieht die Bürowelt 4.0 heute schon in manchen Firmen aus. Der einzelne Mitarbeiter hat keinen festen Schreibtisch mehr, er sucht sich jeden Morgen einen freien Platz, schließt sein Laptop an und verlässt den Platz wieder, wenn er in ein Meeting geht. In den Fluren stehen Obst, Schokolade, Gummibärchen für jedermann frei und kostenlos zugänglich. Wer mag, beginnt den Tag mit einer leckeren Latte Macchiato, mit einer Chai Latte oder mit einer anderen mehr oder weniger gesunden Köstlichkeit. In der Pause tauscht man sich mit Mitarbeitern einer anderen Firma aus und erhält dort die eine oder andere Anregung für das eigene Start-up. Wer eine Denkpause braucht, geht kurz in den Sportraum, zum Joggen oder an die Tischtennisplatte und spielt eine Runde mit dem Kollegen.

Was sich im ersten Moment unglaublich anhört, ist vor allem in den sogenannten Business Centern schon an der Tagesordnung. Business Center waren früher Start-ups vorbehalten, wenn sie sich keine teure Büromiete leisten konnten und wenn sie kurzfristig Kapazität für neue Arbeitsplätze brauchten. Heute finden immer mehr etablierte Unternehmen Gefallen an solchen Business Centern. Man nutzt sie, um kurzfristig neue Arbeitsplätze zu schaffen oder weil der unkomplizierte Austausch so beliebt und effektiv ist. Wer keine Arbeitsräume in einem Business Center anmieten kann oder will, orientiert sich bei der Gestaltung der einen Büroräume vielleicht an dem Konzept des informellen Austauschs an wechselnden Schreibtischen und integriert kleine Projektbesprechungsecken oder smarte Kaffeemaschinen in perfekt eingerichteten Küchen.

Die Bürowelt ist im Wandel und dieser Wandel hat viel mit Feel Good Management zu tun. Zum einen muss jeder Mitarbeiter lernen, in dieser neuen Bürowelt zu arbeiten und beste Leistungen zu erbringen. Es ist ungewohnt, sich jeden Morgen einen neuen Schreibtisch zu suchen, wenn man viele Jahre lang gewohnt war, täglich am gleichen Platz zu sitzen. Es ist neu, sich in Projektecken interaktiv auszutauschen und innovative Ideen zu entwickeln, wenn man das nicht kennt. In einer Atmosphäre des Vertrauens und der Wertschätzung ist es einfacher, sich seinen Platz in dieser Arbeits- und Bürowelt zu schaffen. Zum anderen ist ein schickes Arbeitsumfeld mit ergonomischer Ausstattung aber auch ein Teil von Feel Good. Das Wohlfühlmanagement zielt darauf ab, dass jeder Mitarbeiter gerne arbeitet, dass er sich geschätzt, gefordert und gefördert fühlt. Eine moderne und schöne Arbeitsumgebung leistet dazu einen wichtigen Beitrag. Deshalb steht die neue Bürowelt 4.0 letztlich in einem engen Zusammenhang zu Feel Good Management. Beide gehören zusammen, und sie verstärken sich gegenseitig. Wer in einem Büro mit bester technischer Ausstattung arbeitet, in dem alle Bedürfnisse nach Kommunikation, Vernetzung, Austausch und ungestörtem Arbeiten erfüllt sind und in dem jederzeit für das leibliche und seelische Wohl gesorgt ist, geht mit Begeisterung zur Arbeit und bringt Tag für Tag Höchstleistungen. Deshalb ergänzen sich die Bürowelt 4.0 und das Feel Good Management perfekt zu einem Ganzen, das das Wachstum eines Unternehmens enorm beflügelt.

Du hast jetzt sehr viel gelernt über Feel Good Management und seine einzelnen Bestandteile. Du hast erkannt, welches Potenzial ein effektives Feel Good Management hat, auch wenn der Weg der Verankerung im Unternehmen lang und weit ist. Jetzt ist es an dir, dieses Potenzial für deine Abteilung oder für deine Firma zu nutzen, wobei es überhaupt keine Rolle spielt, ob du in einem Start-up oder in einem Wachstumsunternehmen arbeitest!

11. Anhang

Literaturverzeichnis

(1) Vgl. Gesing, Sophia, Weber, Ulrike: Konzept und Berufsbild des Feelgood-Managements. Hamburg, 2017. S. VII f.

(2) Vgl. Gesing, Sophia, Weber, Ulrike: Konzept und Berufsbild des Feelgood-Managements. Hamburg, 2017. S. VII f.

(3) https://de.wikipedia.org/wiki/Feelgood_Manager, Abruf vom 18.08.2018

(4) Vgl. Gesing, Sophia, Weber, Ulrike: Konzept und Berufsbild des Feelgood-Managements. Hamburg, 2017. S. 9 f.

(5)Vgl. Gesing, Sophia, Weber, Ulrike: Konzept und Berufsbild des Feelgood-Managements. Hamburg, 2017. S. 22 f.

(6) Vgl. Gesing, Sophia, Weber, Ulrike: Konzept und Berufsbild des Feelgood-Managements. Hamburg, 2017. S. 13 f.

(7) Vgl. Gesing, Sophia, Weber, Ulrike: Konzept und Berufsbild des Feelgood-Managements. Hamburg, 2017. S. 15

(8) Vgl. Gesing, Sophia, Weber, Ulrike: Konzept und Berufsbild des Feelgood-Managements. Hamburg, 2017. S. 18

(9) https://de.wikipedia.org/wiki/Positive_Psychologie, Abruf vom 18.08.2018

(10) https://www.planet-wissen.de/gesellschaft/psychologie/glueck/pwie-positivepsychologie100.html, Abruf vom 18.08.2018

(11) https://www.rmp-germany.com/reiss-motivation-profile/, Abruf vom 18.08.2018

(12) https://www.berufsverband-fgm.com/berufsbild/, Abruf vom 18.08.2018

(13) Vgl. Gesing, Sophia, Weber, Ulrike: Konzept und Berufsbild des Feelgood-Managements. Hamburg, 2017. S. 1.

(14) Vgl. Gesing, Sophia, Weber, Ulrike: Konzept und Berufsbild des Feelgood-Managements. Hamburg, 2017. S. 4 f.

(15) Vgl. Gesing, Sophia, Weber, Ulrike: Konzept und Berufsbild des Feelgood-Managements. Hamburg, 2017. S. 6 f.

(16) Vgl. Gesing, Sophia, Weber, Ulrike: Konzept und Berufsbild des Feelgood-Managements. Hamburg, 2017. S. 31 f.

(17) Vgl. Gesing, Sophia, Weber, Ulrike: Konzept und Berufsbild des Feelgood-Managements. Hamburg, 2017. S. 37 f.

(18) Vgl. Gesing, Sophia, Weber, Ulrike: Konzept und Berufsbild des Feelgood-Managements. Hamburg, 2017. S. 19 f.

(19) Vgl. Gesing, Sophia, Weber, Ulrike: Konzept und Berufsbild des Feelgood-Managements. Hamburg, 2017. S. 3 f.

(20) https://www.bmev.de/mediation/was-ist-mediation.html, Abruf vom 26.08.2018

(21) https://wirtschaftslexikon.gabler.de/definition/moderation-38919, Abruf vom 26.08.2018; http://lexikon.stangl.eu/2145/moderation, Abruf vom 26.08.2018

(22) http://www.dbvc.de/der-verband/ueber-uns/definition-coaching.html, Abruf vom 26.08.2018

(23) Vgl. Gesing, Sophia, Weber, Ulrike: Konzept und Berufsbild des Feelgood-Managements. Hamburg, 2017. S. 24 f.

(24) Vgl. Gesing, Sophia, Weber, Ulrike: Konzept und Berufsbild des Feelgood-Managements. Hamburg, 2017. S. 29 f.

(25) Vgl. Gesing, Sophia, Weber, Ulrike: Konzept und Berufsbild des Feelgood-Managements. Hamburg, 2017. S. 19 f.

(26) Vgl. Gesing, Sophia, Weber, Ulrike: Konzept und Berufsbild des Feelgood-Managements. Hamburg, 2017. S. 24 f.

(27) Vgl. Gesing, Sophia, Weber, Ulrike: Konzept und Berufsbild des Feelgood-Managements. Hamburg, 2017. S. 3 f.

(28) https://de.statista.com/statistik/daten/studie/5520/umfrage/durch-schnittlicher-krankenstand-in-der-gkv-seit-1991, Abruf vom 02.09.2018

(29) https://de.statista.com/statistik/daten/studie/13441/umfrage/entwi-cklung-der-jaehrlichen-anzahl-krankheitsbedingter-fehltage-je-arbeitneh-mer, Abruf vom 02.09.2018

(30) https://de.wikipedia.org/wiki/Betriebliches_Gesundheitsmanage-ment, Abruf vom 02.09.2018

(31) https://wirtschaftslexikon.gabler.de/definition/diversity-manage-ment-53993, Abruf vom 07.09.2018

(32) https://de.wikipedia.org/wiki/Personalwesen, Abruf vom 07.09.2018

(33) https://www.ipa-consulting.de/people-management-der-digita-len-wirtschaft/, Abruf vom 07.09.2018

(34) https://www.absolventa.de/karriereguide/berufseinsteiger-wissen/xyz-generationen-arbeitsmarkt-ueberblick, Abruf vom 15.09.2018

(35) Vgl. Gesing, Sophia, Weber, Ulrike: Konzept und Berufsbild des Feelgood-Managements. Hamburg, 2017. S. 18f.

(36) Vgl. Gesing, Sophia, Weber, Ulrike: Konzept und Berufsbild des Feelgood-Managements. Hamburg, 2017. S. 35 f.

(37) http://www.gallup.de/home.aspx?g_source=logo, Abruf vom 16.09.2018

(38) http://www.gallup.de/182567/q12-employee-engagement.aspx, Abruf vom 16.09.2018

(39) http://www.gallup.de/183104/engagement-index-deutschland.aspx, Abruf vom 16.09.2018

(40) https://corporate-happiness.de/umsetzung/, Abruf vom 16.09.2018

(41) https://corporate-happiness.de/umsetzung/, Abruf vom 16.09.2018

(42) https://corporate-happiness.de/kennenlernen/, Abruf vom 16.09.2018

(43) https://corporate-happiness.de/dateien/web/Success-Story_Upstalsboom.pdf, Abruf vom 16.09.2018